JN001225

小峰書店

小峰書店 編集部 編著

キャリア教育に活きる！

センパイに
聞く

# 仕事ファイル

42 起業家の仕事

食用バラの6次産業化経営

スタートアップ企業の経営

仕事と住居問題を解決する
ソーシャルビジネス運営

ファッションブランド経営

授業開発者

小峰書店

小峰書店 編集部 編著

# Contents

※この本に掲載している情報は、2023年4月現在のものです。

# 食用バラの
# 6次産業化経営

## Sixth Industrialization Management of Edible Roses

ROSE LABO
**田中綾華**さん
起業8年目 29歳

「食べられるバラ」の
魅力を世界に発信し、
幸せを届けます

バラの魅力に注目し、食用バラの栽培を手がけているROSE LABO。この会社は、栽培したバラの花だけでなく、バラを加工した商品を自分たちで考えてつくり、販売しています。この会社で社長をつとめる田中綾華さんにお話を聞きました。

# Q 食用バラの6次産業化経営とは どんな仕事ですか？

農薬を使わずに育てたバラは食べられるので、料理やお菓子に使われ、化粧品の原料にもなります。私は、このような食用バラをあつかう会社を経営※し、栽培から商品化、販売まで手がけています。このように農作物や水産物の生産から加工、販売まで一貫して行う産業を6次産業といいます。

経営する会社・ROSE LABOでは、「"食べられるバラ"で美しく、健康に、幸せに」という目標をかかげています。その目標を実現するために、栽培方法にもこだわって育てています。バラは繊細なので、愛情をこめて手入れをし、水分の量や肥料などを毎日管理していても、傷のある花や色のよくない花もできてしまいます。食用バラは見た目の美しさが大切で、傷があると食用バラとして出荷ができません。せっかく育てたバラをむだにしないよう、これらは化粧品の原料やジャムの材料などにしています。

現在、私がもっとも時間を使っているのは、社長としての仕事です。今、ROSE LABOには20名ほどの社員がおり、栽培、商品を売る営業、新しい商品を考える開発、できた商品の発送、会社と商品を宣伝する広報などの仕事をそれぞれが担っています。私は、各担当がコミュニケーションをとりながら仕事をするためのリーダーをしています。

こうした日々の仕事が順調に進むように気を配ることに加え、会社を成長させる方法を考えること、社員が働きやすい環境をつくることも私の役割です。また雑誌やテレビの取材に応じて会社と商品を宣伝するのも、私の仕事です。

## 田中さんのある1日

|  |  |
|---|---|
| 07:00 | 出社、農作業 |
| 09:30 | 出荷するバラの選定 |
| 10:30 | 東京支社と農園事務所をオンラインでつないでラジオ体操、朝礼を行う |
| 11:00 | 社内打ち合わせ |
| 12:00 | ランチ |
| 13:00 | 経営計画の作成 |
| 15:00 | 来客者と商談 |
| 17:30 | 新商品会議 |
| 19:00 | 退社、取引先との会食へ出かける |

食用バラを使ったROSE LABOの化粧品。

ROSE LABOの食用バラの花びら。料理やデザートなどのメニューに使われる。

## ROSE LABOのいろいろな仕事

● 栽培

農園でバラの栽培をする。社員それぞれが交代で農園へ行き、栽培と収穫にたずさわる。農園の近くに住む地域の人たちもパートタイム従業員として働いている。

● 営業

飲食店へ食用バラを売る。毎朝の収穫本数を把握して、納入できる数を取引先へ伝える。ジャムや化粧品の場合は、商品をおいてくれるお店を探して、取り引きする。

● 企画・開発

食用バラを使った新しい商品を考える。商品化が決まったら商品にするための方法を考え、つくってくれる工場などを探す。

● 在庫管理・発送作業

できあがった商品の数や倉庫内の保管場所を管理する。お客さんの注文に応じ、商品を箱につめて発送する。

● 広報

WEBサイトやSNSで発信し、ROSE LABOの商品を宣伝する。田中さんがテレビや雑誌の取材を受けるとき、田中さんに代わって依頼者と取材日時や取材場所の調整をする。

用語 ※ 経営 ⇒ 会社などの組織が目的を達成するために、事業の計画を立てて継続的に意思決定していくこと。

# 仕事の魅力

## Q どんなところが やりがいなのですか？

がんばったぶん、花がきれいに咲くところです。バラは、少しでも手入れの手をぬくと、収穫できる本数が減ったり、美しく咲かなかったりします。自分の努力の結果が花の美しさとして目に見えるので、達成感がありますね。

お客さまから、感謝の言葉をいただけることもやりがいです。例えば、化粧品は肌の弱い人でも使えるようにつくっています。使用した方から「すてきな商品をありがとう」と手紙をもらうと、これからも幸せを届けたい、と感じます。

## Q 仕事をする上で、大事に していることは何ですか？

社内のコミュニケーションを円滑にすることです。工夫のひとつとしては、農園と東京の事務所がはなれているので、毎朝オンラインで全員が顔を合わせ、ラジオ体操をします。

ROSE LABOでは社員それぞれがちがう仕事をしていますが、例えば栽培の仕事についても、みんながわかっていることが大事です。この会社では「自分は販売の担当だから、栽培のことは知らない」ということがないようにしたいんです。商品開発のスケジュールも社内で共有し、おたがいの状況を理解して信頼関係を築けるようにしています。

朝9時。ビニールハウスのなかで、その日の収穫本数を営業担当者と確認しながら談笑する田中さん（写真右）。営業担当者は、本数を確認してからお客さんに販売する。

## Q なぜこの仕事を 目指したのですか？

大学生のとき、教室で同級生たちが将来の夢や目標を目を輝かせて語るようすに圧倒されたことがありました。彼らの姿を見て、自分の将来について初めて真剣に考えたんです。情熱を傾けるもののない自分を残念に感じるとともに、「人生の長い時間を仕事に費やすのだから、好きなことを仕事にしたい」と思いました。

私の曾祖母は、ひとりで7人の子どもを育てながら会社を始めて成功したパワフルな人でした。いつもバラをかたどった小物を身につけていました。そんな曾祖母が大好きだった私は、いつのまにかバラも大好きになっていたんです。

将来について考え始めたころ、家族との何気ない会話から、食べられるバラがあることを知りました。そのときに、食用バラに関する仕事をすることを決めました。

エプロン

収穫用のはさみ

軍手

長靴

### PICKUP ITEM

食用バラの栽培に使う道具。ビニールハウスのなかでは、靴に泥がつかないように長靴にはきかえ、エプロンを身につける。バラにはトゲがあるので軍手が必須だ。バラの花の収穫には、専用のはさみを使う。会社を始めて8年目となり、栽培技術が安定してくるとともに、道具類にも使用感が出てきた。

## Q 今までに どんな仕事をしましたか?

食用バラの仕事をすると決意した後、少しでも早くプロになりたいと考えるようになり、大学を2年で退学しました。親に言わずに辞めたので、そのときはすごく怒られましたね。

その時点で会社をつくることは考えておらず、とにかくバラの栽培方法を学ばなければ、と思っていました。そこで、インターネットで見つけたバラ農家に頼みこみ、修業させてもらったんです。それまでに農作業もしたことがなく、ゼロからの出発でした。

栽培をするうちに「もっとバラの魅力を発信していきたい」という思いが強くなり、自分で会社を始めることにしました。

最初のころはバラを売る先が見つからず、余らせてしまうことも多かったんです。そこで、余ったバラをジャムにして、週末に行われる青空市場で販売しました。これをきっかけにバラの花を仕入れてくれるお店が見つかりましたし、直接お客さまの意見を聞くこともできました。このときの経験は、今の自分の仕事に活きていると感じています。

街のイベントで、ROSE LABO のジャム商品を販売する田中さん。

ROSE LABO が協力者と共同で開発した新種の食用バラ「24(トゥエンティーフォー)」の写真を、広報用に撮る。うすいピンク色で、すばらしい香りをもつ品種。

## Q 仕事をする上で、難しいと 感じる部分はどこですか?

天候に左右されるところが難しいと感じます。バラは虫の被害を受けやすいため、ビニールハウスで栽培するのですが、外の気温や湿度が生育に大きく影響します。ROSE LABO では栽培から商品開発、販売まで自社で行っているため、「今年は不作だから、原料の仕入れ先を変えよう」というわけにはいきません。

天候はコントロールできないので、想定外のことが起きても対応できるよう、余裕をもって事業計画を立てています。

## Q この仕事をするには、 どんな力が必要ですか?

「突破力」が必要です。私は、絶対にやりとげるという強い意志と、やりとげるための行動が「突破力」だと考えています。苦境に立たされてもあきらめず、できることを実践し続けることが重要です。

新型コロナウイルス感染症が流行したとき、飲食店へ行くお客さんが減り、食用バラが売れずに会社は危機におちいりました。このとき、絶対にあきらめない気持ちで会社を存続させる方法を探し続けました。結果、バラを使った多機能スプレーの開発に結びついて、困難を突破できたんです。このように、会社経営は「突破力」を試されることの連続です。

スキンケアにも消毒にも使える多機能スプレー。バラの香りでリフレッシュできる。

作業所で配送作業の指示を出す田中さん。

# 毎日の生活と将来

## Q 休みの日には何をしていますか?

会社は土日が休みなのですが、終わっていない仕事を週末に進めることも多いので、2日間きちんと休むということはあまりありません。でも時間を見つけては、愛犬と散歩をしたりおもちゃで遊んだりしています。大切な癒やしの時間になっていますね。

社長という立場上、ふだんあまり弱音をはけないので、心に溜まったことは全部、愛犬に聞いてもらっています。親友のような、セラピストのような、かけがえのない存在です。

田中さんの愛犬、「とろろ」ちゃん。「いつも癒やされています」

「お風呂では、お気に入りのバスソルトとROSE LABOの石鹸を使います。欠かせないリラックスタイムです」

## Q ふだんの生活で気をつけていることはありますか?

どんなに疲れていても帰宅時間がおそくなっても、必ず湯船につかります。お風呂のなかがいちばんリラックスできるので、「1日が終わった」という気持ちの切りかえの時間として、大切にしています。毎日、お気に入りの入浴剤や、バラの香りの石鹸を使います。お風呂のなかでは、音楽を聴いたり、浴室の外で待ってくれている愛犬に扉越しに話しかけたりします。

嫌なことや落ちこむことがあっても感情の浮き沈みを人に見せないことは、大人として大切なことです。私の場合は、入浴することで次の日にマイナスの気持ちをもちこさずにリセットできていると思います。

| 時刻 | 月 | 火 | 水 | 木 | 金 | 土 | 日 |
|---|---|---|---|---|---|---|---|
| 05:00 | 睡眠 | 睡眠 | 睡眠 | 睡眠 | 食事・準備 | 食事・準備・移動 | |
| 07:00 | 食事・準備 | 食事・準備 | 食事・準備 | 食事・準備 | 移動 | | |
|  | SNSチェック | SNSチェック | SNSチェック | SNSチェック | | | |
| 09:00 | 朝礼・ラジオ体操 | 朝礼・ラジオ体操 | 朝礼・ラジオ体操 | 朝礼・ラジオ体操 | バラ園にて農作業 | バラ園にて農作業 | |
| 11:00 | PR・広報会議 | 製品開発会議 | ミーティング | 来客 | メディア対応 | 食事 | |
|  | 来客 | 食事 | 食事 | ミーティング | | バラ園にて農作業 | |
| 13:00 | 食事 | | 移動 | 食事 | 食事 | | |
|  | 来客 | | | | | 移動 | |
| 15:00 | ミーティング | ミーティング | 営業 | ミーティング | | | |
|  | | | 移動 | | 出荷作業 | | |
| 17:00 | メール返信 | 会議 | メール返信 | 移動 | | | |
|  | ミーティング | | 終業 | | | | 休日 |
| 19:00 | | 採用面接 | | セミナー参加 | スタッフと食事 | | |
|  | 製品チェック | | | 移動 | | | |
| 21:00 | 終業 | メール返信 | 会食 | 食事 | 帰宅・入浴 | | |
|  | 帰宅 | 終業 | | | | | |
| 23:00 | 入浴・ストレッチ | 入浴・ストレッチ | 帰宅 | 入浴・ストレッチ | | | 仕事の準備 |
| 01:00 | SNSチェック | 読書 | 入浴・ストレッチ | | | | |
| 03:00 | 睡眠 | 睡眠 | 睡眠 | 睡眠 | 睡眠 | 睡眠 | |
| 05:00 | | | | | | | |

### 田中さんのある1週間

ROSE LABOの経営者として、さまざまな作業や打ち合わせを連続してこなす。この週は金曜日と土曜日に、バラ農園で農作業を行った。

## Q 将来のために、今努力していることはありますか？

温暖化による気候変動など、課題の多い今の時代、企業はとくに環境・社会・ガバナンス※の3つの視点で課題解決に取り組むべきだ、という考え方があります。3つの英語の頭文字をとって「ESG」とよばれる、この考え方について学んでいます。

会社が存在し続けるためには、利益を追うばかりでなく地球の環境を守ることも大切ですし、次の世代の若者が働きたいと思える会社でなければいけません。私はこの会社を100年続く会社にしたいので、「ESG」の面で価値のある会社になれるよう、本を読んだりセミナーに行ったりして勉強しています。

「この『24（トゥエンティーフォー）』は、協力者とともに開発した自慢の品種です。私たちの会社は、地球環境にも社会にも、よい影響をあたえる会社でありたいです」

## Q これからどんな仕事をし、どのように暮らしたいですか？

ROSE LABOを、バラを通して世界でもっとも人々に幸せを届けられる会社にしたいです。「バラといったらROSE LABO」といわれるような会社にすることが目標です。

そのために、バラの可能性をもっと追求していきたいです。多くの人に「バラっていい花だよね」と思ってもらえることは、私自身の幸せでもあります。例えば、バラの香りには安眠効果やストレスを減らす効果があります。現在、このような目に見えない効果を数値で表すための研究を会社で進めているところです。バラは、古くから親しまれてきた花ですが、科学的データに基づいた効能を広めることで、より多くの人に「バラって、美しいだけじゃなくて体にもいいんだ」と知ってもらいたいんです。

今は毎日がバタバタと過ぎてしまっているのですが、将来はもう少し余裕ができて、家族とのんびりする時間や自宅で庭いじりをする時間もとれるようになっていたらいいなと思います。

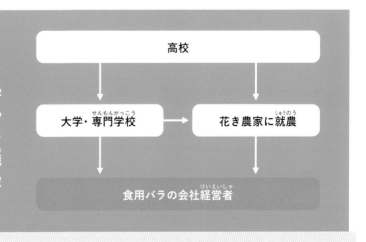

バラ農園は埼玉県の深谷市にある。「東京の事務所で働く社員も、交代でここへ来て栽培の仕事をします」

---

## 食用バラの6次産業の会社を経営するには……

バラの栽培技術を身につける必要があります。農学部や園芸学部がある大学に進んで、植物の基礎知識や品種改良などの知識を学んでおくとよいでしょう。バラを使った商品を企画したり、販売したりするための知識は経営学部や商学部で学ぶことができます。花き農家に就農して経験を積むことも、選択肢のひとつです。

```
高校
 │
 ├──────────────┐
 ↓              ↓
大学・専門学校 ──→ 花き農家に就農
 │              │
 └──────┬───────┘
        ↓
  食用バラの会社経営者
```

※ この本では、大学に短期大学もふくめています。

用語　※ ガバナンス⇒「統治・支配・管理」を示す言葉。企業の場合、健全な経営を行うための会社の仕組み全体をさす。

# 子どものころ

## Q 小学生・中学生のとき、どんな子どもでしたか？

私は、毎日友だちと楽しく過ごせればいい、ふつうがいちばん、と考える子どもでした。何かをがんばって目立つ存在になることを、かっこいいことだと思わなかったんです。将来の夢や目標はとくになく、大人になったら適当に何かしら働くのだろうと思っていました。

中学ではバレーボール部に所属して、部活や学校行事に取り組んでいました。でも、それも「熱くなる！」のではなく、友だちといっしょで楽しいからやる、という感じでしたね。

好きだった科目は道徳です。ほかの科目とちがい「みんなでいっしょに考える」ことを重視する授業が多く、考える時間が好きでした。今になって思うと、ほかの科目よりも「自分のこと」としてとらえられた科目だったので、真剣に取り組めたのかもしれません。

勉強は好きではなかったのであまりしませんでしたが、本はよく読んでいました。

## 田中さんの夢ルート

**小学校・中学校 ▶ とくになし**

将来の夢を聞かれて「ない」と答えると目立ってしまうと思い、いつも適当に答えていた。

▼

**高校 ▶ とくになし**

「大人になったら働くんだろうな、いやだな」と思っていた。

▼

**大学 ▶ 食用バラに関する仕事**

大学の少人数の研究授業で、同級生たちが将来への夢を語る姿に圧倒される体験をした。これをきっかけに、2年生のとき、食用バラ栽培への挑戦を決意し、退学する。

モモ

カラフル

「中学生のころに大好きでよく読んだ本です。今も大切にしています」

中学校時代の田中さん（写真中央）。「このころは友だちとたわいのない話ばかりして、楽しかったですね」

修学旅行のときの写真。田中さんは右端に写っている。

## Q 子どものころにやっておけばよかったことはありますか？

私は、学生時代の毎日を何となく過ごしてしまいました。大人になって、いろいろなことに前向きに取り組むようになったら、「世界ってこんなに広いんだ」と衝撃を受けたんです。今になって実感していますが、経験したことはいつか必ず活かせるときが来ます。例えば私は学生のとき、勉強をしないで美容やメイクのことを考えていました。そこで得た知識は、思いがけず今、化粧品を開発するのに役立っています。何でも体験してみることは、絶対に将来の自分のためになると思います。

そのように考えると、可能な限り、もっといろいろなことを体験しておけばよかったです。経験することの数が多いほど、やりたいことが見つかるチャンスも増えます。

本をよく読んだことは、よかったですね。実際に体験するのが難しいことでも、本であればその事柄に対する知識を得られます。人の気持ちや相手の立場を考える練習にもなるので、いろいろな分野の本を読んでおくことはおすすめです。

## Q 中学のときの職場体験は、どこに行きましたか？

警察署に行きました。私の父は警察や消防などが好きで、幼いころにいっしょに消防車などを見に行っていたので、何となく親しみがありました。また、子どもながらに「正義の味方」の職業としてイメージしやすかったこともあります。

ふつうに生きていたらパトカーに乗る機会はほとんどないので、一度乗ってみたいという単純な好奇心もあり、警察署を選びました。

## Q 職場体験ではどんな印象をもちましたか？

犯人をつかまえる場面の動画を見せてもらい、「これは大変な仕事だ」と思いました。身近な人々を守り助ける警察の方々はすごいな、自分にはとても無理だ、とも感じました。それでも、念願のパトカーに乗れましたし、白バイをまたぐ体験もさせてもらえました。

食用バラをあつかう仕事が、人々を今よりもさらに幸せにする仕事だとしたら、警察は身近な人を守り、助けることで人々の幸せを保証する仕事だと思います。それも、私にとって興味のある仕事です。今では、もし生まれ変わるとすれば警察官を目指すのもいいなと思っています。

## Q この仕事を目指すなら、今、何をすればいいですか？

友だちづくりをがんばってください。そして友だちを大切にしてください。大人になってから知り合った人に対しては、自分が社長だから仲良くしてくれるのかもしれない、などと余計なことを考えてしまいます。損得を考えずにつきあえる学生時代の友だちは、貴重な存在です。

そして、私が今も気をつけていることなのですが、自分の可能性にふたをしないでください。「どうせ私には無理」とやる前から可能性を閉ざしてしまうのは、もったいないです。

学生のころに私が想像していたものとはちがい、大人の毎日は楽しいです。安心して大人になってください。

バラは無限の可能性を秘めています。新しい魅力を発見したいです

# ー 今できること ー

**ふだんの暮らし**

家の庭や学校の花だんに咲いている花の手入れをしてみましょう。花を育てるには、それぞれの花にあった育て方を学ぶ必要があります。図鑑で花の種類や育て方を調べたり、花屋さんで手入れの仕方を聞いたりするとよいでしょう。道路や公園の花だんづくりのボランティアを募集している場合もあるので、参加をおすすめします。また、経営の仕事は、仲間と協力しながら行うものです。文化祭や体育祭などで実行委員をつとめて、学校の仲間と行事づくりをしてみましょう。

**国語** 社員とのコミュニケーションが必要です。物語や小説などを読み、相手の意見を理解する読解力や、自分の考えを伝える表現力をみがきましょう。

**理科** 理科の生物分野の知識をはば広く学んでおくと役立ちます。とくに、植物の育て方や天気の変化など、植物の成長に関わる知識は欠かせません。

**数学** 販売する花の本数を管理したり、バラの開発や手入れにかかる予算を計算したりすることもあります。割合の文章題や資料分析などの考え方が役立ちます。

**美術** 色彩のバランスを考えながら、工夫して作品をつくりましょう。宣伝や商品パッケージの考案に役立ちます。

# スタートアップ企業の経営

## Startup Company Executive

any style
エニー スタイル

萩原湧人さん
はぎわらゆうと

起業4年目 29歳
さい

> ユーザーの方々に喜んでいただけるサービスをつくります

先進的な技術やアイデアを強みに、短期間での急成長が期待される企業を「スタートアップ企業」とよびます。スタートアップ企業として、声優から届くメッセージアプリ「dear.」の開発・運営を行うany styleを経営する萩原湧人さんにお話を聞きました。

用語 ※ 投資 ⇒ 利益を見込んでお金を出すこと。

# Q スタートアップ企業の経営とはどんな仕事ですか？

ぼくはany styleという会社を立ち上げ、おもに音声アプリを開発・運営して人々を楽しませる仕事をしています。そのひとつ「dear.」というアプリは、利用者のスマートフォンに定期的に声優からのメッセージが届くサービスです。ファンと、ファンへのサービスの機会が少ない声優との間をつなぐサービスとして、多くの人に利用してもらっています。

経営者としての役割は、事業を拡大するために必要なお金を集めたり、課題解決に向けた戦略や仕組みを考えたり、仕事をしてくれるスタッフを採用したりすることです。つねに会社全体を見て判断し、組織のあらゆることを決めます。

売り上げ以外にお金を調達する方法は、ふたつあります。ひとつめは、投資※を仕事にしている会社や投資家に投資をしてもらうことです。そのためにぼくは事業計画書という書類をつくり、事業のプランを説明します。投資家はそれを見て「この会社は成長する」と判断したら、投資を決めます。

事業計画書で会社が成功する可能性を示す仕事は、経営者としてとても重要です。なぜなら、会社が成功して価値のある会社になって初めて、投資によってany styleの株式※をもった投資家は大きな利益を得られるからです。

ふたつめは、融資を受ける方法です。融資とは、銀行などの金融機関が条件つきでお金を貸してくれる制度です。ぼくたちは今現在、投資家の投資と融資を合わせて、合計約1.5億円のお金を集めています。このお金をもとに事業を拡大し、上場※することを目指しています。

## 萩原さんのある1日

|  |  |
|---|---|
| 10:00 | 仕事開始、オンラインで社内朝会 |
| 10:30 | 経営に関するミーティング後、身支度をする |
| 11:30 | カフェでランチをしながら作業 |
| 13:00 | 帰宅、投資家とオンラインミーティング |
| 14:00 | メッセージアプリのユーザーにオンラインでインタビューを行う |
| 14:30 | レンタルオフィスへ移動して作業 |
| 18:30 | 外食をしながら作業 |
| 21:00 | 帰宅して開発担当者とミーティング |
| 22:00 | 資料作成、動画サイトなどを観る |
| 24:00 | 仕事を終える |

スマートフォンに表示されたアプリを見せてくれる萩原さん。「ほどよいファンサービスの手段として、多くの声優さんたちに喜ばれるものにしていきたいです」

## 経営者として萩原さんが行っている仕事

### ● 商品開発のマネジメント

any styleでは、音声アプリ開発事業、音声番組の制作事業のふたつを行っている。萩原さんはユーザーインタビューやデータ分析を行い、開発チームとともによりよい商品を開発する。チームの管理や開発スケジュールの管理も行う。

### ● プロジェクトのマネジメント

ふたつの事業それぞれについてプロジェクトチームの管理を行い、事業をおし進める。萩原さんをふくめて、会社の中心を担う3名で約20名のメンバーをまとめている。みんなのやる気をアップさせながら会社全体の事業のプランを立てるのも、萩原さんの仕事のひとつだ。

### ● 資金調達

株主や投資家に会社の将来に大きな可能性があることを説明し、投資してもらう。投資してもらったお金は、会社が成功すれば投資家に増額して返す。一方で金融機関などから融資を受けて得たお金は、投資されたお金とちがい、必ず返さなければならない。

### ● 採用

any styleは、3名の中心メンバーのほかは、社員ではなくその道のプロフェッショナルとして働くメンバーで成り立っている。能力のある人を採用するために、萩原さんは経営者として希望者との面接に時間と労力を割いている。

用語 ※ 株式 ⇒ 企業が事業に必要な資金を調達するために発行する証券のひとつ。

用語 ※ 上場 ⇒ 証券取引所で証券など金融商品の取り引きを開始すること。これにより、株式市場での株式の売買ができる。

# 仕事の魅力

## Q どんなところがやりがいなのですか？

何もないところから会社をスタートさせたぼくに賛同してくれる仲間や、応援してくれる企業が増えていく過程に、やりがいを感じます。ぼく以外にふたりいる中心メンバーは、ぼくの以前からの友人です。声をかけたら軽いノリで入ってくれましたが、事業に失敗したら給料が払えなくなるリスクはつねにあります。経営者として他人の人生を背負う責任感が生まれ、創業当初とは大きく意識が変わりました。

また、メッセージアプリの利用者から「とても楽しんで使っています」といった感想が届く瞬間にも、事業を立ち上げてよかったと実感します。

都心のレンタルオフィスで仕事をすることもある。会社のスタッフは全員がリモートワーク中。

## Q 仕事をする上で、大事にしていることは何ですか？

論理的思考と感性、決断力の3つです。スタートアップでは、成功するかはだれにもわからない事業を立ち上げていくので、可能性を高めるために論理に基づいた戦略性が求められます。しかし、論理的に考えても答えが出ないことは多く、最後に大事なのは直感やアイデアだと思います。

客観的なデータと自分の感覚のどちらを優先すべきか、つねに見比べますが、結果はやってみないとわかりません。そのため、自分を信じて決断する力が経営者には必要です。

## Q なぜこの仕事を目指したのですか？

大学1年生のとき、先輩に「塾の経営をするから手伝ってほしい」と誘われたことがきっかけです。それまで医者やエンジニア※などなりたい職業はたくさんありましたが、自分で会社をつくるという選択肢に、初めて気づきました。

起業が選択肢に加わったときに、まずは複数の会社のインターンシップに参加してみました。インターンシップとは、学生が就業前に会社などで行う職場体験のことです。その過程で起業のための着想を得て、ベンチャーキャピタル※に相談に行くと、担当者に数回会っただけで投資してもらえることが決まったんです。

会社も実績もないただの大学生でも、アイデアと熱意さえあれば道は拓けることを実感し、「これなら就職する必要性はないかもしれない」と思いました。そのとき投資してくれた会社には、今でも継続して支援していただいています。

レンタルオフィスのスタッフと雑談をする萩原さん。「社外の人とのコミュニケーションも大切にしています」

レンタルオフィスではドリンクが無料の場合もある。「息抜きはよいアイデアを生むために必要ですね」

---

用語 ※ エンジニア⇒電気、機械、土木、建築などの技術者。

用語 ※ ベンチャーキャピタル⇒スタートアップなど、急成長が予想されるが失敗の可能性もある、金融機関からの融資が難しい会社に対して投資する会社。

## Q 今までにどんな仕事をしましたか？

起業したばかりのころは、インターネット上で音声を配信するポッドキャストというサービスを利用した番組を手がけました。さまざまなオリジナル番組をつくりましたが、「ボイスドラマ」という、声優を起用したドラマの評判がよいことがわかったんです。日本には、声優志望者が約30万人、対する声優ファンは約100万人いるといわれています。だから、声優とファンをうまくつなげることができれば、大きなビジネスになるのではないかと手応えを感じたんです。

2019年ごろに、だれでも利用できる音声投稿アプリが普及し始めたので、ぼくたちも音声アプリを開発しました。ぼくたちのサービスの利用者に話を聞くと「声優さんの声が好きだから聴いています」という人が多かったので、声優の声に特化したアプリにしていこう、と方針を固めました。

・ パソコン ・

### PICKUP ITEM

パソコンとスマートフォンはつねに必要不可欠な道具だ。会社のスタッフや投資家、アプリのユーザーとも、ほとんどのやりとりにこれらの情報端末を使う。またエンジニアスタッフだけでなく、萩原さん自身が商品開発に必要なプログラミングの知識も身につけ、システムやソフトを自分でつくっている。

・ スマートフォン ・

## Q 仕事をする上で、難しいと感じる部分はどこですか？

基本的に、多くのスタートアップ企業は赤字経営※です。なぜなら現時点では直接の利益に結びつかなくても、将来の利益を期待した事業立ち上げや研究開発などに多くのお金を使うからです。これを先行投資といいます。

とはいえ、赤字が増えすぎると会社は倒産します。数百万円にのぼる赤字額を毎月見ながら、やるべきことを進めなければならないので、精神的に参ってしまうこともあります。しかし、応援してくれる人の期待を裏切らないためにも、必死にがんばるしかありません。落ちこんだ顔をしているとまわりの人に不安をあたえるので、気丈にふるまうことを意識しています。その上で、嘘をつかずに誠実な人間でいること。難しいですが、これをやりきるしかないですね。

## Q この仕事をするには、どんな力が必要ですか？

知的好奇心が強く、マルチタスク※が得意であることが必要です。スタートアップの経営者は、やらなければならない仕事がつねにいくつもあります。ぼくも事業開発、採用、資金調達などさまざまな業務を行っていますが、どれも経験したことはなく、必要にせまられて自分で試行錯誤しながら学びました。

また、スタートアップの市場は刻一刻と状況が変わります。朝に決めたことが、その日の夜には方向転換していることもめずらしくありません。知的好奇心の強い人なら、この変化を楽しめると思います。興味のはばが広く、変化を楽しめる人、毎日決まった仕事を続けることに抵抗がある人は、この仕事に向いていると思います。

投資家に対してプレゼンテーションをする萩原さん。いつでも、どこでも、流暢に自社をアピールする力が求められる。

用 語 ※ 赤字経営 ⇒ 収入より支出のほうが多く、利益を生み出すことができていないまま経営を続けている状態。

用 語 ※マルチタスク ⇒ 複数の作業を同時並行、短期間で切りかえながら同時進行で行う能力のこと。

# 毎日の生活と将来

## Q 休みの日には何をしていますか？

埼玉県の長瀞町へキャンプに行った。「釣り場で釣った魚をさばいて焼きました」

　スポーツや音楽に親しみ、活動的に過ごしています。毎週ボーカルレッスンとテニススクールに通っていて、テニス後はサウナに立ち寄るのがお決まりのコースになっていますね。サウナに行くと、頭がすっきりして、自分の目的などが明確になります。

　ボーカルレッスンでは、録音した自分の声を聞いてどうしたらうまくなるかを考えますし、テニスではより強いサービスやショットを打てるよう、試行しています。それと、年に何回かは出身校のバレーボール部の練習に参加して、高校生の練習相手をしています。つねに自分を高めたいと思っているので、仕事と休みの日の境目はあまりないですね。

「スポーツではとくに球技が好きで、テニススクールに通っています。プロに教わると学びが大きいですね」

## Q ふだんの生活で気をつけていることはありますか？

　何気ない会話からでも貪欲に学ぶことです。例えば、初めて会った人にふだん使っているアプリや、そのアプリを使用する際に不満な点、どんなことにお金を使っているかなどを聞くと、「この年代の女性にはこんなサービスが合うかもしれない」というように、事業のヒントになります。

　今はオンライン上での交流も多いですが、人と直接会って話すことは大事なコミュニケーションなので、積極的に外出しています。話を深く掘り下げて聞くと、人は「自分の話に興味をもってくれている」とうれしく感じるものです。ぼくにとっても知見が広がって、相手にも楽しんでもらえるような会話を心がけています。

### 萩原さんのある1週間

| 時刻 | 月 | 火 | 水 | 木 | 金 | 土 | 日 |
|---|---|---|---|---|---|---|---|
| 07:00 | 睡眠 | 睡眠 | 睡眠 | 睡眠 | 睡眠 | 睡眠 | 睡眠 |
| 09:00 | 制作打ち合わせ |  | 制作打ち合わせ |  |  | デザイン打ち合わせ |  |
| 11:00 | 朝会 | 朝会 | 朝会 | 朝会 | 朝会 | 業務 |  |
|  | 業務 | 経営打ち合わせ | 業務 | 業務 | 経営打ち合わせ |  |  |
| 13:00 | 食事 | 食事 | 食事 | 食事 | 食事 | 食事 | 食事 |
|  | 業務 | 投資家打ち合わせ | 業務 | 業務 | 業務 |  | 資料作成など |
| 15:00 | 業務 | 投資家打ち合わせ | 社外打ち合わせ | 採用面談 | 採用面談 | 業務 |  |
|  |  | 資料作成など | 業務 | 業務 | 社外打ち合わせ |  |  |
| 17:00 | ミーティング | 業務 | 採用面談 | 採用面談 | 社外打ち合わせ |  | 経営戦略検討 |
|  | 業務 | 社外打ち合わせ | 業務 | 業務 | 業務 |  |  |
| 19:00 | テニス | 業務 | ボーカルレッスン | 業務 |  |  |  |
|  | 食事 | 食事 | 食事 | 食事 |  |  |  |
| 21:00 | サウナ | 開発打ち合わせ | 業務 | 業務 | 会食 | 会食 |  |
|  |  | 資料作成など | 資料作成など |  |  |  | フットサル |
| 23:00 |  |  |  |  |  |  |  |
| 03:00 | 睡眠 | 睡眠 | 睡眠 | 睡眠 | 睡眠 | 睡眠 | 睡眠 |

仕事をする日と休日の境目はあまりなく、毎日いそがしく働いている。そのかわり、テニスやボーカルレッスン、サウナなどを楽しむ時間を、土日に関係なく平日に入れている。

## Q 将来のために、今努力していることはありますか?

　会社の価値が1000億円や1兆円を超える大企業にするために、まずはIPO(Initial Public Offering)がひとつの目標です。IPOは「新規上場株式」(上場)という意味で、不特定多数の投資家に発行株式を公開し、より広く資金を集めることを目的としています。株式の公開には一定の審査基準があり、これを達成することで、社会的な知名度や信用性が向上します。また、メンバーの士気を高める効果も期待できます。

　IPOはぼくたちにとってひとつの通過点にすぎません。仲のよい仲間たちと楽しいことをやり続けるために、ぼくがみんなを引っ張っていきたいと思っています。だから、つねに上を目指してがんばっています。

レンタルオフィスにはビジネスに役立つ本や雑誌が置いてある。「ページをめくって、ビジネス界の流れをチェックすることもあります」

## Q これからどんな仕事をし、どのように暮らしたいですか?

　スタートアップ企業ではヒト・モノ・カネのすべてがつねに不足しているため、頭と体をフル稼働させる必要があります。変化や革新的なことが大好きなぼくにとっては最高に楽しいことで、時間を忘れて熱中してしまいます。今の会社がうまくいかなかったとしても、きっとまた起業して、何度も挑戦すると思います。それくらい、自分にとっては「これしかない」と思える仕事です。最高の仲間といっしょに事業を成功させれば、さらにできることが増えて、今以上に楽しくなっていくはずです。だから、とにかく会社を成長させることに今後の人生をすべてかけていきたいと思いますね。

　やりたいことはたくさんありますが、いつかは教育にたずさわりたいです。ぼくが通っていた中高一貫の学校は自由な教育方針で、かつ生徒が自主的に勉強していました。いちばん理想的な環境だと思うので、そんな学校や塾をつくってみたいです。少子化のなかでビジネスを成功させるのは本当に難しいですが、挑戦しがいのある分野だと感じています。

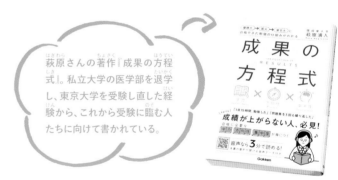

萩原さんの著作『成果の方程式』。私立大学の医学部を退学し、東京大学を受験し直した経験から、これから受験に臨む人たちに向けて書かれている。

---

## スタートアップ企業の経営者になるには……

　特別な学歴は必須ではありませんが、大学へ進学し、着実に学力を身につけることをおすすめします。投資家と話をするための知識や教養があった方が、投資してもらえる可能性が高まります。また事業を継続するために、経営学や経済学、商学系の学部がある大学で社会や経済の仕組みを学ぶことも役立つでしょう。

```
高校
　↓
大学・専門学校
　↓　　　　↓
大学院　　　│
　↓　　　　↓
スタートアップ企業を創業
```

# 子どものころ

## Q 小学生・中学生のとき、どんな子どもでしたか？

率先して応援団長や学級委員長をつとめる、とにかく目立ちたがり屋の子どもでした。スポーツとゲームが大好きでしたが、小学6年生からは中学受験の塾に通い始め、時間を忘れて勉強に熱中するようになりました。

第一志望の中高一貫校に入学した後、「今から4年間は好きなことをしよう」と決め、バレーボール部や軽音部、スキー部などを兼部しました。またアニメやアイドル、ゲームに夢中になり、そのほかいろいろなことに熱中しました。

校則のない学校だったので、その分「自由とは何か」をいつも考えていました。例えば、髪を染めた状態で部活の試合に出ようとしたところ、他校の先生により出されて出場停止と言われたことがあります。友人と話し合って出した結論は、「試合には出たいので、ここは妥協しよう」。我を通すことだけが自由ではないと学んだできごとでした。

中学校の習字の授業での作品。将来の仕事を暗示しているような文言だ。

中学生のときに愛用していた携帯電話機とゲーム機。今でも大切にとってある。

中学生のときから音楽にも没頭していた。「楽器演奏もボーカルもおもしろかったです」

## 萩原さんの夢ルート

**小学校 ▶ 医師**
親戚の多くが医療従事者だったため。

▼

**中学校 ▶ タレント**
テレビが好きだったから。

▼

**高校 ▶ 研究者**
数学と物理の勉強が楽しかったから。

▼

**大学 ▶ いろいろな職業**
物理学系の研究者→ソフトウェアエンジニア→データサイエンティスト→外資系戦略コンサルタント→事業を営む会社の新規事業開発部門担当→起業家、と就きたい職業が変遷した。

麻布中学校

「出身校のバレーボール部に今でも顔を出します。後輩たちと汗を流しています」

## Q 子どものころにやっておけばよかったことはありますか？

自分の経験で「やっておけばよかった」と後悔していることはありません。思い出にひたることはありますが、それより今を精一杯生きた方がよいと考えているからです。もちろん、迷うのは人として自然なことです。でも、「今の自分にとって、これが最善の選択である。そして今がいちばん充実している」と、心から思える瞬間を積み重ねていくことが大事なのではないかと思います。

ぼくの場合は、中学時代にアニメや声優に熱中した経験のおかげで今の事業を立ち上げることができました。何が将来の役に立つかはだれにもわからないと実感しています。

中学生のときの理科と数学のノート。緻密に丁寧に、つづられている。

## Q この仕事を目指すなら、今、何をすればいいですか？

日本の若手起業家にとって、学歴は大きな武器のひとつです。なぜなら、何の実績もない若者にお金を貸すには、在籍した大学名が信頼の証のひとつになるからです。それに起業には、失敗して何もかも失うリスクがつねにつきまといます。失敗からふたたび立ち上がる力を得るためにも、まずは学業を修め、豊富な知識と経験を身につけてから起業をしてもまったくおそくはないと思います。

そしてもちろん、学歴だけで起業できるわけはなく、土台には「時間を忘れて熱中できる」「人生をかけて成しとげたい」という強い動機が必要です。その思いをかたちにするには、どんな領域でも活かせる中学校での基礎学力が必須です。

## Q 中学のときの職場体験は、どこに行きましたか？

中学校で職場体験をした記憶はありませんが、高校に入学してから自主的に職場見学に行きました。先生や先輩、医師である父の紹介で複数の病院の見学に行ったり、留学先のカナダで、先輩が働く物理学の研究室を見学させてもらったりしました。そのほか、卒業生である元総理大臣や国会議員がよく学校に講演に来ていました。

ぼくの出身校は本当に多様な経歴の人を輩出しています。この学校で育ったおかげで、会社に雇われるだけが人生の選択肢ではないことを学べました。

つちかった力とネットワークで事業を拡大し、世界的企業に成長させたいです

# – 今できること –

**ふだんの暮らし**

没頭できる好きなことを見つけましょう。それと平行して、勉強に本気で取り組みましょう。経営者は得意・不得意にかかわらずあらゆることを学び続ける必要があります。勉強の習慣をつけておくことは必須です。学校では、部活動や委員会のリーダーをつとめて、まわりの人に指示を出したり、複数の仕事をこなしたりする経験を積みましょう。失敗したときには、失敗から立ち直る練習をしておくとよいでしょう。なぜ失敗したのかを考え、次回の計画を立て、実行することが大切です。

 **国語** 説得力のある話をして、投資家に応援してもらうことが大切です。発表の場では相手の反応を見て表現を変えるなど、伝わりやすく話す工夫をしてみましょう。

 **数学** 事業計画づくりなどで、つねに数字を使う仕事です。文章題で論理的思考力を鍛え、得意科目にしましょう。

 **社会** 公民で市場の働きと経済の基本知識を学び、社会における企業の役割と責任について考えましょう。また、世の中のできごとや流行を把握する努力も大切です。

 **英語** 英語の会話力・読解力の基礎をみがきましょう。海外のビジネスの情報を集めやすくなり、仕事のはばを広げることができます。

# 仕事と住居問題を解決する ソーシャルビジネス運営

## Social business for the homeless People

Relight
市川加奈さん
起業4年目 29歳

安定した仕事と
住まいがない人の
役に立ちたいです！

社会問題を解決するための仕事を、ソーシャルビジネスといいます。住む家がなく困っている人に、寮つきの仕事を紹介し、生活の立て直しを働きかける取り組みをしている会社があります。この会社を始めた市川加奈さんに、お話を聞きました。

# Q Relightでは どんな仕事をしていますか？

Relightは、住む家のない人の問題を解決するために、私がつくった会社です。この会社ではふたつの事業を行っています。ひとつめは「いえとしごと」という事業です。

今の日本では、住む家を借りられない人は仕事に就くことが難しいんです。仕事がないためにお金がなく、家が借りられないという悪循環におちいっている人たちがいます。そのようなホームレス状態の人に、WEBサイトを通じて住む場所と仕事を紹介します。相談をしてきた人とSNSなどで連絡をとり、対面やオンラインで面談をして、その人に合う寮つきの仕事を紹介します。長らく体調が悪い人や、その人にぴったりの仕事がない場合は、役所やNPO※に連絡をとって福祉制度などを利用できるように支援します。

Relightの収入は、働く先として紹介する会社から支払われる紹介料です。紹介料は他社よりも安く設定しているので、働き手が足りていない多くの会社に喜ばれています。

ふたつめは「コシツ」という事業です。仕事はあっても家を借りることができない人に、Relightが借りた家をさらに貸して、家賃を払ってもらうのです。過去に家賃を滞納した人や安定した収入がない人、家賃を払えなくなったときに代わりに支払いをする保証人がいない人などが対象です。

現在、Relightのメンバーはふたりです。私は企業向けの営業や相談者との面談、そのほかの事務作業などを行っています。もうひとりはWEBサイトの管理や集客を担当しています。集客とは、サービスの利用者を増やすことです。仕事や家がなくて困っている人がどんなキーワードで検索しているのかを調べて、RelightのWEBサイトが目につきやすくなるための工夫をしています。

## 市川さんのある1日

| 08：30 | 出社。スタッフとその日やることを確認、メールとニュースチェック |
| --- | --- |
| 12：00 | 相談者と面談（対面とオンライン） |
| 13：00 | ランチ |
| 14：00 | 相談者と面談、雇用先の会社に連絡（紹介者が問題なく働けているかなどを確認） |
| 18：30 | 事務作業後、退社 |

## 数字で見るRelightの仕事

起業した次の年、2020年から、1年でおよそ3000人のホームレス状態の人がRelightに問い合わせている。1か月に200人以上が問い合わせている計算だ。紹介先の会社で就職した人の数は、1年に200人前後。2023年にはさらに利用人数が増える見通しだ。

2020年に始めた「コシツ」のサービスは、2022年現在、1年に15人が利用している。

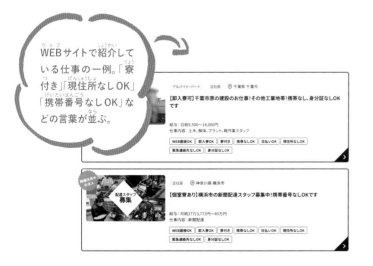

WEBサイトで紹介している仕事の一例。「寮付き」「現住所なしOK」「携帯番号なしOK」などの言葉が並ぶ。

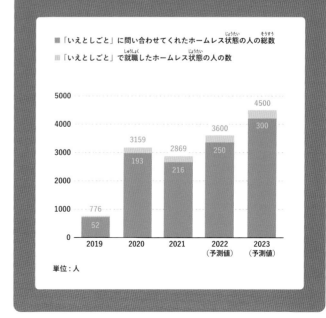

■「いえとしごと」に問い合わせてくれたホームレス状態の人の総数
■「いえとしごと」で就職したホームレス状態の人の数

| | 2019 | 2020 | 2021 | 2022（予測値） | 2023（予測値） |
| --- | --- | --- | --- | --- | --- |
| 総数 | 776 | 3159 | 2869 | 3600 | 4500 |
| 就職 | 52 | 193 | 216 | 250 | 300 |

単位：人

用語 ※NPO ⇒ Non-（またはNot-for-）Profit Organization（非営利団体）の略。利益を求めずに、社会問題に取り組む民間の組織のこと。

# 仕事の魅力

## Q どんなところが やりがいなのですか？

相談に来た人が仕事を始めて、軌道にのっていくと、少しずつ生活が安定していきます。生活に余裕ができると将来について考えられるようになり、やがて生活に彩りをあたえる娯楽にも目が向くようになります。相談者にそのようなよい変化があると、うれしく、やりがいにつながります。

また、働く先として紹介した会社から「〇〇さん、すごくがんばってますよ」「△△さんには会社を支えていってほしい」などと感謝されると、よい仕事ができたと思えますね。

## Q 仕事をする上で、大事に していることは何ですか？

相手の話を、否定も肯定もしないで聞くことです。面談では、納得できない話や論理的におかしいと感じる話をする人もいますが、淡々と話を聞いて受け止めます。

そして、余計なことは言いません。「がんばっているね」などほめたりもしません。信頼関係が築けていないうちは、相手に自分の気持ちを届けるのは難しいからです。

大事にしているのは、私がどう思うかではなく、本人に「自分はどうしていきたいのか」を考えてもらい、将来の話に集中してもらうことです。「目的に向かって、できることをいっしょに考えましょう」というつもりで接しています。

相談者がオフィスまでやってきた。面談をして、今困っていること、仕事についての希望などを聞き取る。

## Q なぜこの仕事を 目指したのですか？

高校生のときに、自宅のある東京都青梅市から都心に出かけて、路上で生活している人を見たのがきっかけです。家のない人がいるなんて想像したこともなく、ショックでした。「なぜこういう人たちがいるんだろう？」と疑問がわきました。世間の人は、動物の愛護団体などへの寄付の呼びかけには反応するのに、その横で家のない高齢者が寝ていても、見て見ぬふりをしているんです。衝撃的でした。

当時は介護福祉士を目指していたのですが、経済的な格差の問題、ホームレスや貧困の問題に興味をもちました。

学生時代に炊き出し※に参加してわかったのは、路上で生活する人だけでなく、インターネットカフェや車中で生活する「見えないホームレス」といわれる人たちが増えていることです。単なるボランティアではなく、仕事と住居の問題を解決するために持続可能なかたちで自分にも何かできるのではないかと考え、起業を目指しました。

• パソコンとスマートフォン •

名刺

## PICKUP ITEM

Relightの仕事は、名刺とパソコン、スマートフォンがあればできる。名刺は相談者と対面の面談をするときと、仕事の紹介先の会社の担当者と会って商談をするときに使う。パソコンは、相談者とオンライン面談をするときにも、営業のための資料づくりなどにも必須だ。

---

用 語　※ 炊き出し ⇒ 災害時などに飯を炊いて配ること。路上生活者や生活に困窮する人のためにも行われる。

## Q 今までに どんな仕事をしましたか？

大学卒業後、社会問題を解決するためのビジネスを行う「ボーダレス・ジャパン」に入社しました。

この会社には先輩たちがつくったグループ企業がいくつもあります。そのうちのひとつに、バングラデシュの貧困問題を解決するための会社があります。現地の工場で生産した革製品を日本で販売する会社です。ここで3年ほど働きながら経験を積んで、起業準備をしました。そして26歳のときにグループ内でRelightを起業しました。

創業時は、とにかくいそがしかったです。ホームレス状態の人に相談に来てもらう「集客」と、紹介先の会社を探す「営業」を同時にこなす必要があり、時間がなくて大変でした。準備が間に合わなくてある相談者へ仕事を紹介できず、情けない思いをしました。信じて来てくれたのにサービスを届けられないのが、いちばん残念なことです。その悔しさから、早く会社の仕組みをつくろうとがんばり、今にいたります。

働き手を紹介した会社には、こまめに連絡する。利用者と企業へのフォローは欠かさない。

「ボーダレス・ジャパン」のグループの一員として起業した市川さん。わからないことなどをグループ内のスタッフに相談しやすい環境だ。

## Q 仕事をする上で、難しいと感じる部分はどこですか？

相談者それぞれに、希望にかなう仕事を紹介することです。Aさんにとってはよい会社でも、Bさんにとっては合わない会社だということがあります。事情は人それぞれみんなちがい、希望条件もちがうからです。

また、Relightのサービスを悪用する人がたまにいます。働くことが決まると、相談者は雇用主である会社と雇用契約※を交わすことが一般的です。この契約を盾に、一日も出社しないまま会社を辞めたくないと言いはる人がいて、会社も私もとても困ったことがありました。短い応答ではその人がどんな人かがわからず、難しさを感じますが、世の中にはそのような人がいるのは仕方がないと考えて、割り切って対応しています。

働く人を紹介してほしいという会社の担当者がやってきた。Relightが取り組んでいることや紹介料についても説明する。

## Q この仕事をするには、どんな力が必要ですか？

つねに冷静でいる力が必要です。

この仕事では、生活に困っている人や、家をなくして就職がままならない人たちと話をします。なかには、涙ながらに不幸なできごとやつらい話を打ち明ける人もいます。例えば相談者から「死にたい」と言われても、動揺せずに話を聞く力が必要です。訓練すればある程度はできるようになりますが、性格によるところが大きいかもしれません。

ほかにも、相談された物事を前向きに考える力がある人、生活が安定して落ち着いている人に向く仕事だと思います。また、過去に悲しい経験や苦労をした人は相手のつらい立場を理解しやすいので、支援につながる力になるはずです。

用語　※ 雇用契約 ⇒ 労働者が労働に従事し、雇用主（会社）が労働に対してその報酬をあたえることを約束する内容の契約。

# 毎日の生活と将来

## Q 休みの日には何をしていますか?

YouTubeのホラーゲーム実況を倍速で見ています。内容がおもしろいのはもちろんですが、好きなことをやり続けて経験を積む大切さを学べますし、伝えるべきことが考えぬかれた動画の編集力をすごいと感じます。長編のゲームは、実況者と共同作業をしている感覚になりますね。「このユーチューバーはどう物事を見て、どんな物を買うんだろう」と、思いをはせたりもします。

現実世界とは別の世界に没頭するのがおもしろく、休日は自分だけの領域で楽しめることに集中しています。

九州旅行へ行った。「福岡県糸島市にある観光名所、二見ヶ浦の夫婦岩です。夕暮れどきで浜辺の白い鳥居が美しかったです」

「旅行も大好きです。静岡県の観光名所、日本平に行きました。富士山、駿河湾、伊豆半島が見えました」

## Q ふだんの生活で気をつけていることはありますか?

相談者の悩みや心配事をたくさん聞かなければならない仕事なので、精神的にリラックスする時間をもつようにしています。話を聞く側が疲れて余裕がなくなると、相手の悩みに本気で向き合えないと思うからです。そのためにも、YouTubeは役立っていますね。

また、相談者とは適度な距離感を保つように気をつけています。仲良くなりすぎると相談者が私に気をつかってしまい、よい支援ができなくなるからです。例えば、相談者が紹介先でうまくいかなかった場合などに、「市川さんに迷惑をかけたから、もう顔を合わせられない」と私に遠慮して、連絡がとれなくなることがあるかもしれません。支援ができない状態になることは避けたいと思っています。

| | 月 | 火 | 水 | 木 | 金 | 土 | 日 |
|---|---|---|---|---|---|---|---|
| 05:00 | 睡眠 | 睡眠 | 睡眠 | 睡眠 | 睡眠 | | |
| 07:00 | 準備・食事 通勤 | 準備・食事 通勤 | 準備・食事 通勤 | 準備・食事 通勤 | 準備・食事 通勤 | | |
| 09:00 | | | | | | | |
| 11:00 | 企業対応 | 相談者対応 | 企業対応 | 相談者対応 | 相談者対応 | | |
| 13:00 | 昼食 | 昼食 | 昼食 | 昼食 | 昼食 | | |
| 15:00 | 企業対応 | 相談者対応 | 企業対応 | 相談者対応 | 相談者対応 | | |
| 17:00 | | | | | | 休日 | 休日 |
| 19:00 | 会議・打ち合わせなど | | 会議・打ち合わせなど | | | | |
| 21:00 | 帰宅・夕食準備 自由時間 | 帰宅・夕食準備 自由時間 | 帰宅・夕食準備 自由時間 | 帰宅・夕食準備 自由時間 | 帰宅・夕食準備 自由時間 | | |
| 23:00 | | | | | | | |
| 01:00 | 睡眠 | 睡眠 | 睡眠 | 睡眠 | 睡眠 | | |
| 03:00 | | | | | | | |
| 05:00 | | | | | | | |

## 市川さんのある1週間

決まった時間に通勤して、規則正しい生活を送っている。土日は会社へ行かず、休日にしてのんびりするが、仕事のことを考える時間も多い。

## Q 将来のために、今努力していることはありますか？

今後、会社でどのような事業をつくっていけばいいのかを考えるために、広く情報を集めるようにしています。

時代に合った事業を行うには、現場の声を聞くことが大切です。Twitterではホームレス支援者やNPO関係者の発信をチェックして、非正規雇用者※のつぶやきにも注目します。彼らが何に困っているのかがわかれば、「例えばこんな支援があったら？」と仮説を立てることができます。

起業をして働くことは、華やかに見えても実際は小さな仕事の積み重ねです。このような作業を楽しんでできる人が、将来は強いと思っています。

## Q これからどんな仕事をし、どのように暮らしたいですか？

「だれも孤立せず、何度でもやり直せる社会をつくる」ことを、会社の目標にしています。この目標に沿った事業をつくっていきたいです。

今、社会では信用の価値が大きいので、いちど失敗すると「失敗した人」というレッテルをはられがちです。例えば、罪を犯して刑務所に入ると、出所しても仕事がなかなか見つかりません。家賃を払えずに滞納すると、次に家を借りるのが難しくなります。仕事をすぐに辞めた人は履歴書でわかるので、次の就職に苦労します。

このように、信用をなくすと生きていくのが大変ですが、信用がなくてもチャレンジできることはありますし、信用をつくるところからいっしょにやっていきたいと思っています。

私の場合は仕事が趣味の延長のようなものなので、あえて公私を分けずに、人生を楽しんで暮らしていきたいですね。ホームレス問題が解決したらこの会社はいらなくなるので、最終的にこの会社は消滅するとよいと思いますし、そのようにしたいです。

> 『いえとしごと』も『コシツ』も、世の中に必要なサービスだからこそ、利用者が増えています。情報を集めて、新しいサービスを考えています」

---

### ソーシャルビジネスを創業するには……

社会問題を解決するには、一般常識や、社会についてのはば広い知識を得ておく必要があります。そのため、大学などで社会学を学ぶことをおすすめします。またソーシャルビジネスを志す人のために、社員の起業を後押しする会社もあります。それらの会社に入社し、働きながら起業のための知識や技術を得て、起業の準備をすることもよいでしょう。

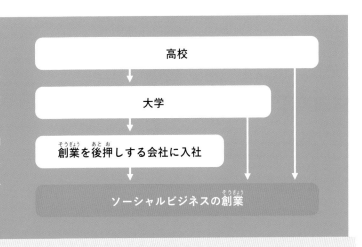

高校 → 大学 → 創業を後押しする会社に入社 → ソーシャルビジネスの創業

---

用語　※ 非正規雇用者⇒臨時社員や派遣社員、契約社員、パートタイマーやアルバイトなど、正規雇用者（正社員）以外の労働者。

# 子どものころ

## Q 小学生・中学生のとき、どんな子どもでしたか？

　小学校では絵ばかり描いているインドア派だったのに、中学校ではバスケットボール部に所属して、スポーツ好きへ方向転換しました。小学生のときにやったキックベースボール遊びが楽しかったので「ボールを使った競技は楽しいかも」という軽いノリで始めたんです。すると、部長をやらせてもらうほどのめりこんでしまいました。人と関わることが楽しくなっていったころだったと思います。

　地元では電車が30分に1本しかなくて、当時の顧問の先生は電車の時間を考えて部活を終わらせてくれていました。ところが、部活後に彼氏と会って遊んでいたことが発覚し、部長を降ろされてしまったんです。信頼を築くのは時間がかかって大変なのに、失うときは一瞬だと実感しました。先生の気づかいを無下にしてしまったという苦い思い出です。

　中学校まで学習塾に通いましたが、友だちが行くからという不純な動機だったので、あまり身が入っていませんでしたね。得意科目はとくになく、成績はまんべんなく平均点より上くらい。凸凹がないかわりに、目立った特技もありませんでした。

### 市川さんの夢ルート

**小学校 ▶ マンガ家、イラストレーター**

絵を描くことが好きで、休み時間も外に出ず、ずっと絵を描いていた。

▼

**中学校 ▶ イラストレーター、介護士**

変わらず絵が好きだったのと、困っている人の役に立つ仕事をしたいと思ったから。

▼

**高校 ▶ 福祉の仕事**

高齢の方が好きだったので、何か役に立ちたいと思うようになった。

▼

**大学 ▶ NPO法人など**

困っている人のためになる仕事をしたかった。当時、NPOやボランティアでしていたことを仕事にしようと思った。

中学校時代のバスケットボールの部員たちと。思いがけずのめりこみ、部長として部員を引っ張った。後列中央が市川さん。

「中学校のときの修学旅行は、京都・奈良に行きました。ほとんど地元から出たことがなかったので、刺激的でした」

## Q 子どものころにやっておいてよかったことはありますか？

　子どものころに、たくさんの挫折や失敗、恥ずかしいことを経験できたのはよかったと思っています。部活では人間関係をどうまとめるか悩みましたし、部長を降ろされた経験などは、思い出すとおなかが痛くなるほどです。けれど、さまざまな経験をしたことで相手の気持ちが想像できるようになり、ちょっとのことでは動じない性格になりました。

　中学生のとき同じクラスの仲のよかった友だちに「どうせやるならちゃんとやろうよ」という意識をもつ、大人っぽい女の子がいました。その子を中心に合唱コンクールなどにいどみ、私たちのクラスは、すべての行事で優勝したんです。彼女の姿勢は、私の今の仕事の仕方に活きているなと感じます。

## Q 中学のときの職場体験は、どこに行きましたか？

数日間、介護施設に行って、レクリエーションの手伝いや食事を運ぶなどの補助作業をさせてもらいました。

家では祖父母と同居していましたし、近所にも高齢者がたくさんいました。また、私の家族が看護と介護の仕事をしていたので、介護は自分にとって身近な仕事だったんです。高齢者と接することが好きだったので、何か役に立ちたいという思いで体験先に介護施設を選びました。職場体験は楽しかったです。

## Q 職場体験ではどんな印象をもちましたか？

介護施設の業務内容は、家族から聞いていたのである程度知っていましたが、実際に目にすると、思ったより大変そうだと感じました。ひとりで数名の高齢者のお世話をしなくてはならないので、てんてこまいのように見えました。

それでも、介護施設ではかわいがってもらいましたし、高齢者特有の冗談を聞くことも楽しくて、「この人たちの役に立ちたい」と思う気持ちが強くなっていきました。

高校時代にも、授業の奉仕活動で介護施設に行ったんです。中学校での職場体験が楽しかったから選びました。

## Q この仕事を目指すなら、今、何をすればいいですか？

困っている人の役に立ちたいと思ったら、相手の思いに共感することです。「相手のため」というピュアな気持ちを大切にしながら、多くの経験と苦労をしてください。

社会問題を解決するための「ソーシャルビジネス」は、年齢や性別、国籍などに関係なく、さまざまな人の相談にのる仕事です。どんな人もよい面・悪い面をもっているので、大事なのは、聞いた話に対して「私はこう思う」という思いを押しつけないこと。その人がどういう人生を歩んでいけばいいのかを本気で考え、寄りそいます。

寄りそうためには多くの人と関わり、多様な考えを知ることです。人間を好きになれる人は、楽しく働けると思います。

落ちこんでいた人が、楽しそうに働く姿を見ると、心からうれしいです

# － 今できること －

**ふだんの暮らし**
困っている人の悩み事を解決する仕事では、多くの人と対話をすることが必要なので、人と交流する経験をたくさんしておくことをおすすめします。合唱コンクールなどのクラスで取り組む活動や部活動に積極的に参加し、仲間と協力して目標の達成を目指しましょう。困っている人がいたら、親身になって相談にのってあげてください。また、地域の清掃活動や福祉施設の交流会などのボランティア活動に、家族といっしょに参加してみることもよい経験になります。

 **国語**
相談者や企業の人と話し合って、相手の要望を把握することが大切です。国語の授業で、相手の意見をよく聞き、自分の考えをまとめて、わかりやすい言葉で伝える練習をしましょう。

 **数学**
自分で事業を行うには、運営費を管理する力も必要です。売り上げなどのデータから、経営の状況を分析できるように、数学の思考力を養いましょう。

 **社会**
環境、資源、貧困など日本と世界で問題になっていることを学習しましょう。社会問題解決のために、ふだんできることを調べて実行してみるのもよいでしょう。

# ファッション<br>ブランド経営

## Fashion Brand Management

Ay<br>村上 采さん<br>起業3年目 24歳

絹織物「銘仙」の価値を、ファッションブランドにのせて世界へ発信！

よさを知られないまま、衰退していく文化があります。群馬県伊勢崎市でつくられていた絹織物・銘仙※がそのひとつです。生まれ育ったふるさとの大切な文化を守りたいと、銘仙を使ったファッションブランドを経営する村上采さんに、お話を聞きました。

用語 ※銘仙⇒絹織物の一種。主産地は群馬県伊勢崎市、桐生市、栃木県足利市、埼玉県秩父市などで、産地により特色がある。

# Q ファッションブランド経営とはどんな仕事ですか？

私はAyというファッションブランドを立ち上げ、そこで新商品をつくってお客さんに売る仕事をしています。Ayには従業員がおらず、店舗もありません。商品開発、販売、宣伝、在庫管理など、すべてを私が行っています。

銘仙は、かつて日本各地で大量に織られた絹織物です。銘仙を使った着物は、普段着として明治から大正時代に大流行しました。機械ではなく人の手で織られているので、同じ柄のものはひとつもありません。

今、着物を着る人が少なくなり、伊勢崎銘仙を織る人もいなくなりました。Ayは、伊勢崎市でつくられた銘仙の着物を古着店から仕入れ、ほどいて縫い合わせる前の状態にもどし、新商品の材料にしています。

Ayの服づくりは、まず、仕入れた銘仙の色や柄が活きるように、ほかの布との組み合わせを考えるところから始めます。つくりたい服のイメージをデザイナーに伝えて、いくつかデザイン案をつくってもらいます。そのなかから選んだデザイン画を、服の型紙をつくるパタンナーという人にわたします。縫製をする工場に型紙を持ちこみ、数十着を縫い上げてもらいます。

このようにして約半年で新商品ができあがると、新商品についてSNSで発信し、AyのWEBサイトで宣伝・販売します。さらに、百貨店などと交渉して、期間限定でAyの商品売り場をつくり、販売会を開きます。どうしたら多く人に買ってもらえるかを、つねに考えています。

## 村上さんのある1日

|  |  |
|---|---|
| 09:00 | 始業。事務作業やメールチェック、インターンシップ※の学生と打ち合わせ |
| ▼ | |
| 12:00 | ランチ |
| ▼ | |
| 13:00 | デザイナーと打ち合わせ |
| ▼ | |
| 15:00 | WEBサイトの更新、新商品のアイデアを考える |
| ▼ | |
| 19:00 | 終業 |

伊勢崎銘仙で仕立てられた着物。群馬県伊勢崎市でつくられた銘仙は、モダンな絵柄が特長の絹織物。明治・大正の時代に、女性の普段着として人気だった。

写真提供：伊勢崎めいせん屋

## Ayの商品ができるまで

**❶ 新商品を考える**

仕入れた伊勢崎銘仙に色や素材のちがう布を組み合わせて、新商品の案を考える。Ayでは、銘仙以外の布にも、地球環境に負担をかけない製法でつくられた素材を使っている。

**❷ デザイン案をつくる**

デザイナーに頼んで、考えた新商品をデザインしてもらう。いくつかつくってもらった案のうち、デザイナーと相談しながらもっともよいデザインを選ぶ。

**❸ 型紙をつくる**

パタンナーに頼んで、新しい服のデザインの型紙をつくってもらう。

**❹ 工場で裁断・縫製**

取り引きをしているエ場に型紙を持ちこむ。材料の布を裁断してもらい、型紙通りに縫い上げてもらう。

**❺ 新作完成**

新商品が完成したら、AyのWEBサイトやSNSで宣伝する。モデルの手配、撮影、編集も村上さんが行っている。

用語　※ インターンシップ⇒学生が実際に企業で働く「就業体験」ができる制度。

# 仕事の魅力

## Q どんなところがやりがいなのですか？

生まれ育った伊勢崎市のみなさんに応援してもらえることに、やりがいを感じます。2020年に会社をつくってからしばらくは販売会を東京で開いていましたが、翌年、高崎市の百貨店で、群馬県内では初めて規模の大きな販売会を開きました。知り合いの人たちが来てくれて、感激しました。

新聞などでも取り上げてもらい、地域に根をおろすファッションブランドとしてスタートできたことを実感しました。「群馬にAyあり」と、思ってもらえるブランドでありたいです。

## Q 仕事をする上で、大事にしていることは何ですか？

Ayブランドとして、ぶれない軸を持つことです。Ayは、地域の文化とともにあるブランドという自負があります。価値を知られないまま、うもれてなくなろうとしている文化を発掘し、そのよさを世界に発信することがAyの役割です。

私は、Ayがこの役割をきちんと果たせているかを自問自答して、つねに確かめます。そうすれば、世界にふたつとないファッションブランドになっていくと思います。

• 布サンプル •

## PICKUP ITEM

いつでも取引先との連絡やSNSでの宣伝ができるように、愛用タブレット端末を持ち歩く。AyのWEBサイトの更新も、村上さんが自分で行っている。新商品の企画についてデザイナーやパタンナーと相談をするときには、布の色や手触りがわかるサンプルを使う。

• タブレット •

## Q なぜこの仕事を目指したのですか？

中学生のときに、伊勢崎銘仙についての授業を受け、興味をもちました。着物を着る人が少なくなり、銘仙の文化が忘れられつつあることと、地元の伊勢崎に元気がなくなっていくことが重なっているように感じたんです。のちに、古い銘仙の着物を新しい洋服に仕立て直すことで、うもれている地元の魅力を発信できるのではないかと考えて、現在の仕事をしています。

大学に入ってから、アフリカの格差問題の解決のために自分でファッションブランドをつくることを思いつき、Ayの仕事を始めました。その経験を活かして、地元の伊勢崎から伊勢崎銘仙の魅力を発信したんです。発信することで地域の文化を新しいかたちで世界に届けられるのではないか、また、ふるさとのみなさんに地域の誇りをもち続けてもらえたらよいと考え、Ayを社名にして会社をつくりました。

販売会では、スカーフやスカートなどAyの商品を身につけて接客をする。村上さんのセンスが光るコーディネート。

## Q 今までにどんな仕事をしましたか？

Ayをつくろうと思ったのは、アフリカのコンゴ民主共和国での仕事がきっかけです。

私は、高校1年生のときアメリカへ1年間留学したんです。英語ができなかったせいもありますが、白人ではない人種として居心地の悪さを感じていました。そんな毎日のなかで、南アフリカから来ていた男の子の明るさにずいぶん助けられました。魅力的だった彼の影響で、アフリカに興味をもち、アフリカについて学べる大学に進学することにしました。

大学の研究プロジェクトでコンゴを訪れ、現地の伝統的な布を使った洋服を40着、縫ってもらいました。日本で販売して現地の人に対価を払い、人々が収入を得る助けになればと思ったんです。日本でそれらが完売したとき、うれしかったですね。これがAyブランドの初仕事になりました。

感染症の世界的流行によってコンゴでの仕事ができなくなり、大学を休学して地元の伊勢崎にもどりました。そしてコンゴでの取り組みと同じように、自分でプロデュースした絹織物・銘仙を使った洋服の制作を始めました。

コンゴを訪れたとき、日本から銘仙の着物を持って行った。「みんなが銘仙を喜んで着てくれたことが、仕事の原動力になりました」

銘仙を使ったAyの商品。洋服だけでなく、ポシェットやアクセサリーもつくっている。

## Q 仕事をする上で、難しいと感じる部分はどこですか？

つくった商品がなかなか売れないときに、難しいと感じます。よい商品をつくって、宣伝もしているのに、いまいち評判にならず、売り上げがのびないときがあるんです。また、新聞や雑誌などのメディアへの記事の掲載が途絶えると、自分が進めていない、止まってしまっているというふうに感じます。何が問題なのかな、と考えこんでしまいますね。

そんなときには、売り場のデザインをお願いしているデザイナーの人などに相談します。自分と同じように自分で会社を経営している人だと、わかりあえる部分があるんです。

接客をする村上さん。「私は接客の仕事が得意ではありません。接客が得意な母に、販売会を手伝ってもらうこともあります」

## Q この仕事をするには、どんな力が必要ですか？

「創造力」です。私は、何もないところから新しい何かを生み出す力のことを、創造力とよんでいます。

Ayの商品の場合は、だれかのたんすのなかに眠っていた銘仙の着物をほどいて布にもどしたとき、「銘仙をこう使えば、活きておしゃれになる。だからこの布はこう組み合わせて使おう」と頭のなかでデザインをします。

どんな人がどんなときに、どんな場所で着るのか、どんな人に着てもらいたいのかを考えることで、何もないところから新しい何かをつくりだすことができます。

# 毎日の生活と将来

## Q 休みの日には何をしていますか？

私の住む群馬県は山や湖など自然環境にめぐまれています。キャンプに行って、自然のなかで体と心をゆったりとさせるのが好きです。美術館や博物館へ出かけるのも好きです。

また、県内の商店街などでイベントが開かれていたら、見に行きます。知り合いが関わっていたりして楽しいですし、どのように地域のよさをアピールしているのか、参考になるんですよ。

布への興味は尽きない。群馬県みなかみ町にある「たくみの里」で、草木染め体験をした。

湖でリバーカヤックに挑戦。「自然のなかへ行くとリフレッシュできますね」

美術館で作品を鑑賞する村上さん。ふだんもAyの服を身につける。東京・上野の国立西洋美術館にて。

## Q ふだんの生活で気をつけていることはありますか？

仕事の時間とそれ以外の時間を、はっきり分けるようにしています。イベントや販売会があると、その準備とかたづけで、前後をふくめて数週間いそがしい毎日が続きます。そんなときに、あせりを感じ、追いつめられる感覚がありました。ストレスが大きく、体にも症状が現れたんです。そのとき、これではいけないと思いました。休みの時間にはちゃんと休んで、仕事の時間には元気に働けるようにしています。

| | 月 | 火 | 水 | 木 | 金 | 土 | 日 |
|---|---|---|---|---|---|---|---|
| 05:00 | | | | | | | |
| 07:00 | 睡眠 | 睡眠 | 睡眠 | 睡眠 | 睡眠 | 睡眠 | 睡眠 |
| 09:00 | | | | | | 出店準備 | 出店準備 |
| 11:00 | 作業 | 作業 | 通学 | オンライン授業 | 通学 | | |
| 13:00 | ランチ | ランチ | 授業 | 通学 | 授業 | | |
| | | | ランチ | | | 出店 | 出店 |
| 15:00 | 作業 | | | 授業 | | | |
| 17:00 | | | 仕事 | ミーティング | 仕事 | | |
| 19:00 | | 休み | | 友人と食事 | | | |
| 21:00 | | | 帰宅 | 帰宅 | 帰宅 | | |
| 23:00 | | | | | | | |
| 01:00 | | | | | | | |
| 03:00 | 睡眠 | 睡眠 | 睡眠 | 睡眠 | 睡眠 | 睡眠 | 睡眠 |
| 05:00 | | | | | | | |

### 村上さんのある1週間

毎日のように仕事をしているほか、週に3日ほど、大学で授業を受けている。この週のように土日に販売会が行われる週は、なかなか休む時間をとれないほどいそがしい。

## Q 将来のために、今努力していることはありますか？

自分の想いを積極的に伝えていくことが、Ayの将来にも地域の未来にもよい影響があると考えています。そのため、講演会の依頼は積極的に引き受けています。

今群馬県では若者向けに起業家の講演会を行っています。私は、起業経験者として招かれ、学校で講演をしています。

講演会では、私がAyのブランド経営を始めたいきさつを説明します。そして、「ここはどうせ田舎だし」などと考えているのはもったいないと伝えます。若い世代が協力して、その地域ならではの伝統文化や、豊かな自然など価値あるものについて、SNSやイベント開催などを通して発信しようと呼びかけます。そうすることで、人の力とお金が世の中をぐるぐるとまわって、地方がより元気になると思うからです。

高校での講演会へ。「生徒たちは私の話を、身を入れて聞いてくれます。先生たちも熱心なので、やりがいがあります」

## Q これからどんな仕事をし、どのように暮らしたいですか？

東京では、まわりに「地球にも私たちにも優しい消費を心がけよう」という意識をもつ人が増えているように感じます。地方でも、こういった意識が高くなっていけばいいなと思います。

これらの問題について発信しながら、地方発のブランド力で、地域全体を元気にしたいです。もしかすると、生産者がいなくなった伊勢崎の絹織物・銘仙は、いちど消えてしまうかもしれません。それも仕方のないことだと思います。そうだとしてもいずれ、伊勢崎銘仙のよさを織りこんだ新しい織物を私が開発し、文化をつないでいきたいです。そして伊勢崎銘仙だけでなく、日本各地でうもれている文化を発掘して、商品にし、世界に発信します。

20年後、30年後に、Ayがどんなファッションブランドに成長しているのかを見届けるのが楽しみです。そのころには、日常の仕事は会社のスタッフにまかせて、ゆったりと見守っていたいと思っています。海外で暮らすことにもあこがれますね。

織物の高度な技術で、輪郭がにじむような絵柄も表現できる伊勢崎銘仙。「このよさを絶やさないように、Ayが技術を未来へつなぎます」

---

## ファッションブランドを経営するには……

特別な資格がなくても始められる仕事ですが、服飾専門学校でファッションの基礎を学ぶ人もたくさんいます。経営については、大学の経済学部や、経営学部、商学部、専門学校でも学ぶことができます。ファッションや経営を学校で学んだ後に、洋服をあつかうアパレル業界で働いたり、ブランドを立ち上げる準備をする人も多いようです。

```
高校
  ↓
服飾専門学校・大学
  ↓
ファッションブランド経営者
```

# 子どものころ

## Q 小学生・中学生のとき、どんな子どもでしたか？

好奇心にあふれた子どもで、やりたいことをすべて自分から親に伝えて、やらせてもらっていました。英語、ダンス、水泳、ピアノ、スケートなど、いろいろな習い事をしましたね。

学校の図工や美術の授業では、いつも作品づくりに没頭していました。木製プレートや棚、パズル制作などが記憶に残っています。作品を自分の手でつくりだすことが好きでした。このことは、今の仕事につながっていると感じます。

ショッピングも大好きで、毎週のように洋服のお店に出かけていました。「テストの点数がよかったら洋服を買ってね」と、親と約束をすることもありましたよ。

中学校では、バドミントン部に入っていました。毎日練習し、強くなって、大会で入賞することができました。スポーツに打ちこんだことも、私にとってよい経験になったと思っています。

中学時代には、バドミントン部で活躍した。「女子ダブルスで優勝したことが、忘れられない思い出です」

中学2年生のときに訪問したアメリカのミズーリ州で、現地の中学生と。「外国で、新しい友だちをつくることができました」

## 村上さんの夢ルート

**小学校 ▶ アナウンサー**

人前で話すことが得意だった。

▼

**中学校 ▶ ダンススクールの経営**

小学生のときにヒップホップダンスを習っていた。プロのダンサーになることはあきらめたが、ダンススクールの経営をしてみたかった。

▼

**高校 ▶ 国際連合で働く**

海外留学の経験から、世界の貧困などの課題解決のために、国連の職員として働きたいと思った。

▼

**大学 ▶ 英語を使った仕事**

大学在学中に、インターンシップを利用して一般企業で1年間働いた。その結果、日本の会社で働くよりも、海外で働くか、国内でも英語を使って働く職場がおもしろそうだと感じた。

## Q 子どものころにやっておいてよかったことはありますか？

留学をしたことです。中学2年生のときに2週間、アメリカのミズーリ州に行くプログラムに参加したんです。高校のときにも1年間、ミネソタ州へ留学しました。英語は得意ではありませんでしたが、海外の文化にふれて、視野が広がりました。

反対に、やればよかったと思うのは、何かを制作する習い事です。人に何かを伝えるには、表現しなければなりません。伝える手段は言葉だけではありません。絵や図、工作など、あらゆる作品で表すことができます。いろいろな表現の仕方を学ぶために、学校で図工や美術の授業を受けるだけではなく、造形教室や美術教室にも通えばよかったと思います。

## Q 中学のときに職場体験の授業はありましたか？

職場体験ではありませんが、中学3年生のときに地元の文化を学ぶ場として、絹織物・銘仙の文化を残そうと活動をしている方々が授業をしてくださいました。私は、この授業に衝撃を受けました。自分の住む街にこんなにすてきな織物の文化があったのかと、おどろいたんです。

授業は、1時間目が銘仙のさまざまな織り方の説明で、2時間目は銘仙を自由に着てみる内容のワークショップでした。

## Q ワークショップではどんな印象をもちましたか？

もともと私は洋服が大好きで、細かな裁縫の作業も得意でした。銘仙への興味が高まり、授業をしに来てくださったおふたりに会いに行くと、このときから交流が始まりました。

おふたりは、私がコンゴにいくときに銘仙の着物を十着、寄付してくださいました。Ayを始めるときにも背中を押してもらいました。今でも、私が雑誌や新聞などメディアで紹介されると、とても喜んでくださいます。

のちに家族から、私の祖母も曾祖母も銘仙を織る仕事をしていたと聞かされました。自分が育ってきた背景に銘仙の文化があったことを知って、感慨深かったです。

## Q この仕事を目指すなら、今、何をすればいいですか？

自分自身とつねに向き合うことが、夢の実現に必要だと思います。自分は何が好きなのか、何が得意なのかを感じとることが大切です。それから、自分が置かれている環境をどのように活かせるのかが鍵です。好きなことがあって、それが得意でもあるなら、できるだけそのことを続けましょう。好きなこと、得意なこと、自分を取り巻く環境、この3つをともに大事にすれば、想いをかたちにすることができます。

自分がやりたいことは、大人に伝えましょう。そして、小さなことでもいいので、まずやってみることです。小さな成功体験が、のちのち、大きな夢の実現につながります。

この仕事を活かして、街づくりや地域の価値を高めることに貢献したい

# － 今できること －

**ふだんの暮らし**

ファッションの情報に限らず、つねにアンテナを張ってさまざまな分野の情報を集めましょう。体験イベントやワークショップに参加したり、本を読んだりして、物事を深く調べる習慣を身につけておくのもよいでしょう。

学校行事で海外研修やホームステイを行う機会があれば、積極的に参加してみてください。言葉や文化、環境のちがいが、自分が暮らしている地域の魅力を再発見するきっかけになるかもしれません。

**国語**
読書を通して、自分のものの見方や考え方のはばを広げましょう。また、商品の宣伝を行うためにも、文章の表現力をみがくことが大切です。

**社会**
地場産業を学ぶ過程で、銘仙のような文化を発見することもあります。気になる文化や地域の情報を、授業の範囲に限らず、広く調べてみましょう。

**美術**
美術作品などを鑑賞して、感じ取ったことをもとに絵や彫刻などを制作し、自分の考えを表現する力を養いましょう。新商品の内容を伝えるときに役立ちます。

**家庭科**
衣服に関する知識は必須です。基礎縫いやミシンのあつかい方を学び、裁縫の基本を身につけましょう。

# 授業開発者

## Lesson Developer

企業教育研究会
竹内正樹さん
勤務10年目 32歳

企業と二人三脚で、
世の中のいろいろな
ことを学べる授業を
つくっています

企業教育研究会は、千葉県にあるNPOです。教育に関心のある企業や学生と力を合わせて新しい授業づくりに取り組み、つくった授業を各地の学校へ届けています。起業家教育の授業づくりにたずさわっている竹内正樹さんに、お話を聞きました。

# Q 授業開発者とはどんな仕事ですか？

企業と大学が協力して、企業のもつ知識などを小中学校、高校に提供するための授業をつくる取り組みがあります。その中心となって授業のプログラムをつくり、学校で実践するのが、私たちの仕事です。NPO法人企業教育研究会は、千葉大学教育学部の研究をきっかけに結成された団体で、13名の常勤職員と40名の学生が活動しています。

私たちの授業が学校の授業と異なるのは、一般の企業がもつ知識や技術力を活用しているところです。例えば、経営に関するアドバイスを数多く行っているコンサルティング会社に協力をいただき、起業について中学生が学ぶための「ひな社長の挑戦」という授業プログラムをつくりました。

このプログラムは、学生スタッフによる発案で開発が始まりました。協力会社からの起業に関する的確なアドバイスのもと、アニメーション教材と、教材に出てくる架空の街についての設定資料、ワークシートをセットにしたプログラムです。中学校の先生方が自分でこのプログラムの内容に沿って授業を進めることができるように、つくられています。

一方で私たちは、子どもたちが実際に企業で働く人とふれ合うことで、学校での勉強が将来につながることを理解できるようにしたいと考えています。そのため私たちスタッフだけでなく、企業の社員が学校に出向いて子どもたちの学びをサポートする「出張授業」も数多く行っています。

私は、このNPOのなかで事務局長として働き、組織を引っ張るリーダーの役割を担っています。

それから、会社の名前は、地球だけでなく宇宙からの観光客もおもてなしするから「天」、虹が崎市の産業である「漁」をとって「天漁社」っていう名前にしようと思う。

2-2 交渉相手に関する資料
2-3 メール作成シート

天漁社で観光漁業ツアーを始めるためには誰に対して、どのような内容の交渉をするのがよいでしょうか。

資料をもとに、交渉するためのメールの文面を考えて、代表となった人は発表してください。

ステップ①

これが、メール作成シートだよ！交渉相手とお願いしたい内容はここに書いてあるよ。

私が住んでいる虹が崎市は、海がとってもきれい！釣れる魚もおいしくて、大好きなところ。

時空を超えたランダム紹介アプリ「ツナゲル」では、繋がった相手が我々と通信することを承認するか確認することになっています。

通信することを承認しますか？
はい　いいえ

## PICKUP ITEM

コンサルティング会社の協力のもと、開発した授業「ひな社長の挑戦」のアニメーション教材。2125年の未来の世界で、中学1年生のひなが故郷を盛り上げるため起業に挑戦する物語。授業を受ける中学生は、動画のなかでひなの協力者となり活動することで、起業の一連の流れを学べる。

「ひな社長の挑戦」の開発に取り組む企業教育研究会のスタッフ。「事業計画」「組織づくり」など、テーマを4つにしぼって考えた。

## 「ひな社長の挑戦」授業プログラムづくりの流れ

### ❶ 発案する
スタッフの大学院生が「起業」を学ぶための授業づくりを発案。中学校で行われている職場体験だけでは、将来の職業を考えるための取り組みとしては不足していると考えた。

### ❷ あつかう題材に関する情報を収集する
授業の対象学年や時代に合わせた内容を考える。「起業」を学ぶための授業づくりでは、コンサルティング会社の社員の方のアドバイスをもとに、学習方法についての調査と研究を行った。

### ❸ 授業プログラムを開発する
調査と研究の結果をふまえて授業プログラムをつくる。今回は、教材として、アニメーションと、生徒どうしがパソコンを使って共同編集できるワークシートを取り入れることにした。

### ❹ 開発した授業プログラムを検証する
実際に学校に行って授業を行う。プログラムが授業のねらいを達成できているかを検証し、教材の改善点を洗い出す。

### ❺ 改善して完成
教材の内容を改善し、教材と授業モデルが完成。企業教育研究会のWEBサイトから教材をダウンロードできるようにするなど、日本中の学校で先生が使いやすいよう整える。

# 仕事の魅力

## Q　どんなところがやりがいなのですか？

さまざまな人と深く関わることができることです。

私は大学では教育学部で学びました。教員を目指す人たちに囲まれ、ある意味では、自分と似た境遇のメンバーと接することが多かったように思います。この仕事をして、自分とはあらゆる面でちがう、自分の知らない世界を知っている人と交流することができました。それらのすばらしい出会いから、おもしろい授業を生み出すことができています。

いくつもの授業の開発を同時に手がけているため、一日に何度もミーティングを行う。

## Q　仕事をする上で、大事にしていることは何ですか？

「社会とつながる授業づくり」を大事にしています。なぜなら、学校の勉強が社会人になって何の役に立つのか想像できない子どもも多いからです。

私は、私たちがつくる授業を通して、子どもたちが学校で学ぶ意味を見出せるようになることを目指しています。授業では、社会で活躍している人の技を直接見られることはもちろん、社会人とのふれあいを通して、自分自身の将来と社会との関わり方について考えるチャンスを提供することが大事です。そのためにも、新しい授業のプログラムをつくるときには、協力してくれる企業の話をよく聞いて、その会社の強みがどこにあるのかを探るようにしています。

## Q　なぜこの仕事を目指したのですか？

大学3年生の冬に企業教育研究会の活動に初めて参加し、刺激を受けたのがきっかけです。私はもともと、教師になるために大学に通っていました。しかし、社会のことを何も知らないまま先生になって子どもたちと接するのはよいことなのだろうか、という迷いもありました。

企業教育研究会で、いろいろな仕事をしている人と会い、自分の知らない世界を見ながらわくわくする授業をつくる体験をしました。そのとき、教育の仕事とまったく関わりがない企業の人たちが教育と子どものことを熱く語る姿は、とても輝いて見えたんです。当時の私には、教師にならなくても教育に関われる機会があることはおどろきでした。

活動に夢中になり、一時期は大学を休学してひたすら出張授業を行い、卒業と同時に企業教育研究会に入りました。

「授業を通して、子どもたちに学校で学ぶ意味をわかってほしいです。それが自主的な学びにつながります」

## 竹内さんのある1日

|  |  |
| --- | --- |
| 09:00 | 自宅にて勤務開始。 |
| ▼ | ニュース・メールチェック |
| 09:30 | 資料作成 |
| 11:00 | ミーティング |
| 12:00 | ランチ |
| 13:00 | ミーティング |
| 14:00 | 企業担当者とミーティング |
| 15:00 | ミーティング |
| 16:00 | 資料作成 |
| 16:40 | スタッフからの相談に対応 |
| 17:00 | 退勤 |

用語　※情報モラル⇒インターネット上で自らを危険にさらしたり、ほかの人を傷つけたりしないための考え方や行動のこと。

用語　※IT⇒インターネットなどの通信とコンピューターとを使った情報技術のこと。

## Q 今までにどんな仕事をしましたか？

入会したころは、学校に出向いて行う出張授業や、当時必要とされていた情報モラル※についての研修などを先生たちに行うために、全国各地を飛びまわりました。そのうちに、教育についてもっと深く学びたいと思うようになり、仕事をしながら大学院に通いました。大学院修了後は、IT※企業と、東京都などの教育行政、学校、企業が協力してIT人材育成に取り組むプロジェクトを2年ほど担当しました。

一般の企業のなかでさまざまな体験をしたことは、よい経験になりました。企業の方たちから、教育の専門家としての意見を求められたときに、きちんと答えられたことで自信がもてましたね。

その後、企業教育研究会の副事務局長に就任しました。2022年6月から事務局長として働きながら、さまざまな授業をつくっています。

オンラインで出張授業を行う竹内さん。大学3年生のときから授業をしているので、すっかり慣れている。

受け手側から見た、竹内さんのオンライン授業の画面。照明や背景にもこだわっているので、見やすい。

## Q 仕事をする上で、難しいと感じる部分はどこですか？

授業づくりでよいアイデアが出ないときや、複数の仕事をかかえて時間が足りないときは、つらいと感じます。

私たちは、毎年たくさんの授業づくりをしています。また、おつきあいのある企業の人と会って関係を深めたり、スタッフと面談をしたり、さまざまな報告書をまとめたりと、いくつもの仕事を同時に行っています。

仕事が重なって大変なときは、自分ひとりでかかえるのではなく、チームの人たちに伝えて仕事を分担してもらい、のりこえています。

オフィスには教育に関するたくさんの本が並ぶ。本から授業のアイデアを得られることもある。

企業教育研究会が手がけた書籍『企業とつくる「魔法」の授業』。会を代表する一冊だ。

## Q この仕事をするには、どんな力が必要ですか？

相手の考えを尊重し、協力してひとつの物事に取り組む力です。

企業ごとに考え方や仕事の進め方がちがうので、やりづらさを感じることもあります。しかし、ちがう部分があるのは、人間なら当たり前のことです。むしろ、ちがう環境や文化で育ってきた人どうしが協力することで、おもしろいものが生み出せるのだと思います。だから、ねばり強く話し合って、ともに進めていく必要があります。

物事を楽しむ力も、重要なキーワードです。授業は楽しいものでなければいけないと私は考えています。私たちがつまらないと思っているものは、子どもたちにとってもおもしろくないはずだからです。

用語　※ オンライン授業 ⇒インターネット回線を通して遠隔で行う、時間や場所にとらわれない授業。

# 毎日の生活と将来

## Q 休みの日には何をしていますか？

息子さんと動物園へ。「息子はペンギンに興味津々でした。思いがけない質問が出てくるので、答えを考えるのが楽しいですね」

家族で過ごしています。息子が電車好きなので、いっしょに電車に乗って出かけたり、電車が見えるお店に行ったりします。

最近は息子とふたりで銭湯に行くことも増えました。常連のおじいさんが話しかけてくれると、地域の温かなつながりを感じてうれしくなります。子どもが、たくさんの人と関わり合いながら成長してくれたらいいなと思います。

「息子は電車が大好きです。電車が見える場所へ行ってながめるのが、楽しいひとときです」

## Q ふだんの生活で気をつけていることはありますか？

わからないことがあったらすぐに調べたり、人に聞いたりします。最近、息子から「あれは何？」「どうして？」とよく質問されます。そんなとき、わかっているふりをしないで、すぐに本やインターネットで調べるようにしています。

調べることは、自分のなかにある思いこみを正すきっかけにもなります。例えば、電化製品がこわれたら捨てなくてはならないと考えがちですが、修理の方法を調べて故障を直せば、資源のむだ使いを防ぐことができます。

スタッフから難しい提案をされたときも、「できない」と断るのは簡単ですが、過去の事例やほかの企業の例を調べて検討すれば、新しいチャンスが生まれるかもしれません。

### 竹内さんのある1週間

| 時刻 | 月 | 火 | 水 | 木 | 金 | 土 | 日 |
|---|---|---|---|---|---|---|---|
| 05:00 | 睡眠 | 睡眠 | 睡眠 | 睡眠 | 睡眠 | | |
| 07:00 | 食事・子どもの支度 保育園に送る | 食事・子どもの支度 | 食事・子どもの支度 保育園に送る | 食事・子どもの支度 保育園に送る | 食事・子どもの支度 保育園に送る | | |
| 09:00 | スタッフと面談 企業とミーティング | 有給休暇 | 企業とミーティング スタッフミーティング | スタッフミーティング | スタッフと面談 スタッフミーティング | | |
| 11:00 | | | 食事 | 移動 | 食事 | | |
| 13:00 | 食事 スタッフミーティング 資料作成 | 資料作成 事例研究 | 企業とミーティング 事例研究 スタッフミーティング | パートナー企業とともに出張授業 | 資料作成 全スタッフとミーティング | | |
| 15:00 | 企業とミーティング | スタッフミーティング | | | | | |
| 17:00 | 保育園へおむかえ | 企業とミーティング | 保育園へおむかえ | 企業とミーティング | 経営メンバーとミーティング | 休日 | 休日 |
| 19:00 | 食事・育児 | 食事・育児 | 食事・育児 | 移動 食事・育児 | 食事・育児 | | |
| 21:00 | | | | | | | |
| 23:00 | 家事 | 家事 | 家事 | 家事 | 家事 | | |
| 01:00 | | | | | | | |
| 03:00 | 睡眠 | 睡眠 | 睡眠 | 睡眠 | 睡眠 | | |
| 05:00 | | | | | | | |

仕事柄、さまざまな打ち合わせがあるが、ほぼ毎日、自宅にてオンラインで仕事をしている。そのため保育園への送りむかえの時間がとりやすいそうだ。

## Q 将来のために、今努力していることはありますか？

組織を引っ張っていく立場として、あらゆることを勉強しています。私たちは授業の開発をチームで行っていますが、スタッフそれぞれが仕事の進め方を自分で決めながら作業にあたっています。それぞれが自立しているからこそよい授業ができあがりますが、チームワークを重視しなかったら、組織がバラバラになってしまうかもしれません。

全員がひとつの目標に向かって仕事に取り組めるように、組織の環境を整える役割の人間として、勉強が必要です。そのため、人材育成の本を片っぱしから読んだり、会社を経営している人に相談したりしています。

企業教育研究会のスタッフの学生といっしょに、出張授業に出かける。「学生であっても、たがいにみがき合い、高め合うことのできる存在です」

## Q これからどんな仕事をし、どのように暮らしたいですか？

将来も、スタッフとともに同じ目標に向かって、幸せに生きていきたいです。

20年後には子育ても一段落して、仕事ばかりしているかもしれませんね。とにかく今は、仕事が楽しいです。

あるいは、10年後、20年後には教育とはまったくちがう仕事をしているかもしれません。それでも、社会に貢献できる仕事を続けていきたいと思います。その理由は、息子が大人になったときに社会はどんな風になっているんだろうと考えることが多いからです。子どもたちが幸せに生きていける社会であるために、働いている私たちができることを、精一杯がんばりたいですね。そして、息子が自慢に思える父親でありたいと思っています。

今までの経験を活かして、教師として教育現場を変えるための挑戦をするのも楽しそうですね。まだ32歳なので、将来のことを考えるとわくわくします。

活動に参加する学生たち。「パワフルで頼りになる仲間です」

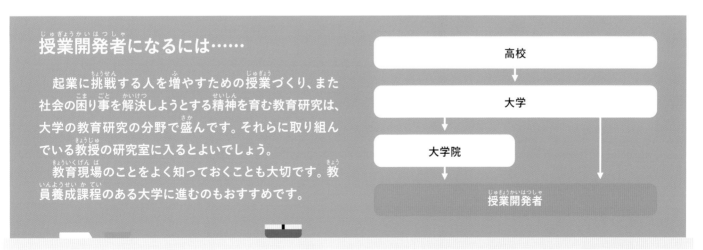

## 授業開発者になるには……

起業に挑戦する人を増やすための授業づくり、また社会の困り事を解決しようとする精神を育む教育研究は、大学の教育研究の分野で盛んです。それらに取り組んでいる教授の研究室に入るとよいでしょう。

教育現場のことをよく知っておくことも大切です。教員養成課程のある大学に進むのもおすすめです。

高校
↓
大学
↓
大学院
↓
授業開発者

41

# 子どものころ

## Q 小学生・中学生のとき、どんな子どもでしたか？

　小学生のときの習い事は、ピアノ、プール、そろばん、英会話、剣道、サッカー、ボーイスカウト、塾などでした。長続きしないものもありましたが、興味のあるものは何でもやってみる子どもでした。

　当時から、将来は学校の先生になりたいと、何となく思っていました。住民どうしのつながりが濃い地域だったので、中学生のときは友だちの弟の勉強を見たり、プールに連れて行ったりする機会が多くありました。小さい子どもの面倒を見るのが好きだと気づいたのが、先生になりたいと思ったきっかけだったのかもしれません。

　中学時代は陸上競技部に入り、休みの日も部活に明けくれていました。走り高跳びをおもにやっていましたが、ハードルで県大会2位の成績をとれたことはよい思い出です。

中学生のころ、教室で授業を受けている竹内さん。部活の先輩に刺激を受けて、塾へも通っていた。

陸上部では、走り高跳びに打ちこんでいた。

## 竹内さんの夢ルート

**小学校 ▶ 発明家、野球選手、教師**

工作が好きで、発明家にあこがれた。プロ野球選手と教師にもなりたかった。

▼

**中学校 ▶ 理系の仕事または教師**

理系の科目が好きだったので、関係のある仕事に就きたいと思った。

▼

**高校 ▶ 教師**

このころは体育の授業が好きだったので、体育の教師になりたかった。

▼

**大学 ▶ 教師**

体育が得意な小学校の教師になろうと思い、教員を養成する大学に進学した。

## Q 子どものころにやっておけばよかったことはありますか？

　海外の人といっしょに仕事をすることもあるので、もっと英語を勉強しておけばよかったなと思います。

　以前、中国の大学に私たちの教材を紹介したら、とても好評だったことがあります。しかし、言葉のちがいでコミュニケーションがうまくとれなかったため、結局、中国で仕事をすることはできず、チャンスを逃してしまいました。外国語のなかでも、英語はよく使われる言語なので、どんな仕事をするとしても話せたほうがいいと思います。

　本を読むことの大切さも、身にしみて感じます。授業のアイデアを考えるとき、自分の趣味や雑学など、まったく関係ないことがヒントになることは多いんです。実体験以外にも本ならではのさまざまな体験をして、自分のなかの引き出しを増やせたのはよかったです。

## Q 中学のときの職場体験は、どこに行きましたか？

中学2年生のときに酪農家に行き、牛のエサやりや牛舎の掃除を体験しました。当時は、携帯電話会社のドコモの機種を全部覚えることが趣味だったので、本当は携帯電話をつくる会社などIT関係の会社に行きたかったのですが、リストにはありませんでした。担任の先生に体験先を探してほしいとお願いしてみましたが、残念ながら叶わず、酪農家に行くことになりました。

## Q 職場体験ではどんな印象をもちましたか？

祖父が畜産農家の仕事をしていたので、職場体験をして、もしかしたら将来は祖父のあとをつぐこともあるかもしれないなと想像しました。動物を相手にする仕事には休みがないので、大変だなとも思いました。

とくに印象に残っているのは、酪農の仕事場で中国の人が働いていたことです。日本で海外の人が働いているのを見たのはこのときが初めてだったので、不思議な感覚になりました。

また、職業体験の授業を受けて、自分の住む街には思ったよりもいろいろな仕事があると感じました。

## Q この仕事を目指すなら、今、何をすればいいですか？

私たちの仕事はあまり世の中に知られていませんが、子どもたちと社会の架け橋になる、重要な役割を担っています。教育というテーマを軸に、いろいろな人と話をすることが多いので、好奇心をもち、相手を尊重して、協力し合って仕事をすることが求められます。

だから、少しでも興味があることには何でもチャレンジしてください。そして、同世代だけでなく、いろいろな大人と話してみてください。新しい出会いは、自分の知識や考えのはばを広げてくれます。中学生のうちから、そのすばらしさに気づいてほしいです。

授業を通して、いろいろな大人の姿を子どもたちに見せたいです

# － 今できること －

ふだんの暮らし

「こんなことを知りたい」「こんなことを学びたい」と想像する好奇心が、さまざまな分野の授業のプログラムをつくる上で役に立ちます。学校で学ぶ範囲に限らず、世の中のいろいろな物事を図鑑や新聞を読んで調べてみてください。興味があるものを見つけたら、動物園や博物館、美術館などに行って実物を観察してみたり、ワークショップに参加して実際に体験してみたりするのもよいでしょう。印象深い経験となって記憶に残るはずです。

 国語
本を読んで、ほかの国の人や過去の時代の人の考えにふれて、知識を広げましょう。読書をすると語彙力も身につき、将来、人に教える仕事をする上で役立ちます。

 社会
ニュースなどで、企業や団体がどのような活動をしているのか調べてみるとよいでしょう。

 英語
海外の教育に関する情報が授業づくりのヒントになることもあるので、英語の会話力や読解力をのばしておくとよいでしょう。

 道徳
開発する授業では明確な答えのないテーマもあつかいます。道徳であつかうテーマに注目してみましょう。

# 仕事のつながりがわかる
# 起業家の仕事 関連マップ

ここまで紹介した起業家の仕事が、それぞれどう関連しているのか、見てみましょう。

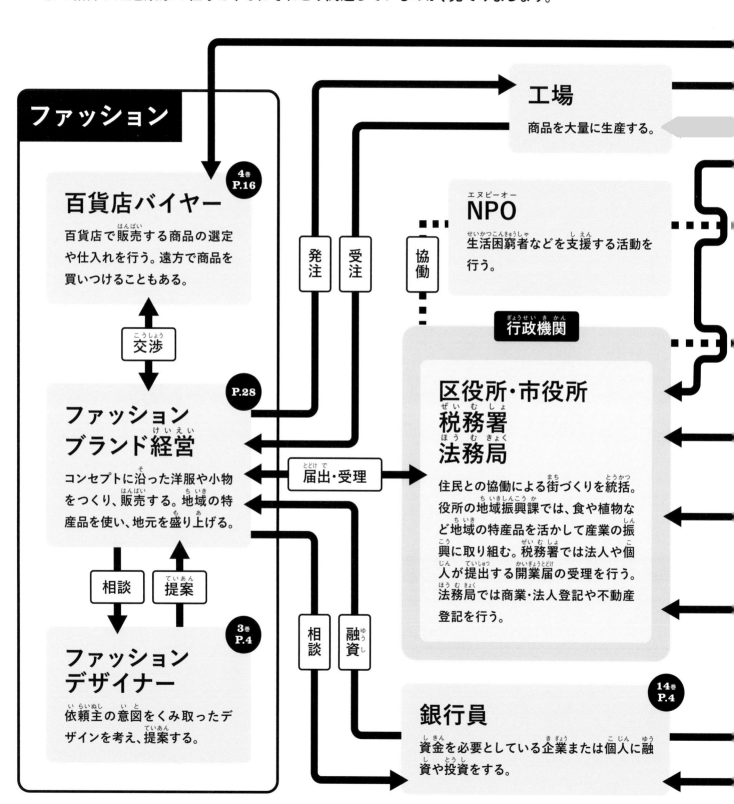

**ファッション**

**百貨店バイヤー** 4巻 P.16
百貨店で販売する商品の選定や仕入れを行う。遠方で商品を買いつけることもある。

交渉

**ファッションブランド経営** P.28
コンセプトに沿った洋服や小物をつくり、販売する。地域の特産品を使い、地元を盛り上げる。

相談　提案

**ファッションデザイナー** 3巻 P.4
依頼主の意図をくみ取ったデザインを考え、提案する。

**工場**
商品を大量に生産する。

発注　受注

**NPO** エヌピーオー
生活困窮者などを支援する活動を行う。

協働

**行政機関** ぎょうせいきかん

**区役所・市役所 税務署 法務局**
住民との協働による街づくりを統括。役所の地域振興課では、食や植物など地域の特産品を活かして産業の振興に取り組む。税務署では法人や個人が提出する開業届の受理を行う。法務局では商業・法人登記や不動産登記を行う。

届出・受理

相談　融資

**銀行員** 14巻 P.4
資金を必要としている企業または個人に融資や投資をする。

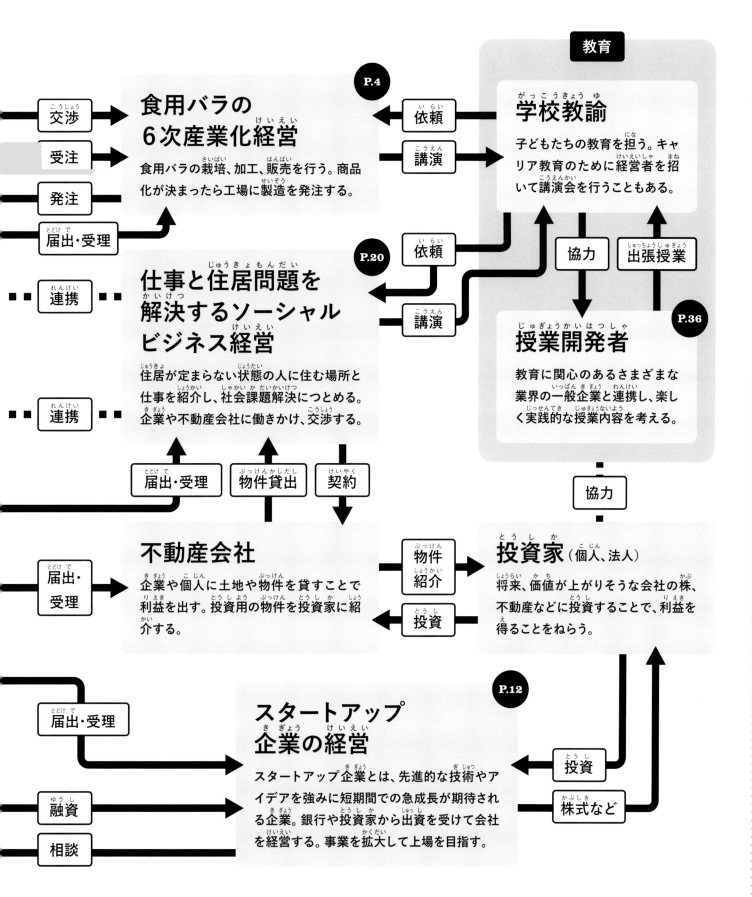

※このページの内容は一例です。会社によって、仕事の分担や、役職名は大きく異なります。

**教育**

**交渉**

**受注**

**発注**

**届出・受理**

### 食用バラの 6次産業化経営  P.4

食用バラの栽培、加工、販売を行う。商品化が決まったら工場に製造を発注する。

**依頼**

**講演**

### 学校教諭

子どもたちの教育を担う。キャリア教育のために経営者を招いて講演会を行うこともある。

**連携**

**連携**

### 仕事と住居問題を 解決するソーシャル ビジネス経営  P.20

住居が定まらない状態の人に住む場所と仕事を紹介し、社会課題解決につとめる。企業や不動産会社に働きかけ、交渉する。

**依頼**

**講演**

**協力**

**出張授業**

### 授業開発者  P.36

教育に関心のあるさまざまな業界の一般企業と連携し、楽しく実践的な授業内容を考える。

**届出・受理**

**物件貸出**

**契約**

**協力**

### 不動産会社

企業や個人に土地や物件を貸すことで利益を出す。投資用の物件を投資家に紹介する。

**届出・受理**

**物件紹介**

**投資**

### 投資家（個人、法人）

将来、価値が上がりそうな会社の株、不動産などに投資することで、利益を得ることをねらう。

**届出・受理**

**融資**

**相談**

### スタートアップ 企業の経営  P.12

スタートアップ企業とは、先進的な技術やアイデアを強みに短期間での急成長が期待される企業。銀行や投資家から出資を受けて会社を経営する。事業を拡大して上場を目指す。

**投資**

**株式など**

# 予測困難な未来を生きぬく 「働く」のこれから

## ▶「起業」＝「会社をつくる」ではない

　日本では、就業者全体に占める雇用者の割合は9割近くにおよび、「起業」という選択をする人はあまり多くはありません。しかし、国際競争が激化する昨今、働き方や社会で求められる人材の質は大きく変わりつつあります。そこで文部科学省が力を入れているのが「アントレプレナーシップ教育」です。

　アントレプレナーシップとは、ゼロから事業を起こそうとする起業家精神のこと。少子高齢化や低水準の経済成長が続く現代の日本では、従来の「あたえられた問題を正しく解く」教育から、「自ら課題を発見し、解決する能力」の育成が求められています。

　例えば、中学校や高校では地域と連携した活動や探究学習、インターンシップなどが増加し、主体的・対話的な教育が実践されています。また、大学では企業と連携した起業家育成プログラムが充実しています。学生たちは起業や新規事業の立ち上げを将来の選択肢として具体的にイメージできるだけでなく、その過程で創造力やコミュニケーション力、問題解決能力を育みます。

　つまり、「起業家精神」とは会社をつくる能力だけをさすのではなく、高い創造意欲をもち、失敗したり損をしたりするリスクに対しても積極的に挑戦する姿勢や発想、能力のことを指します。例えば社内で企画を通すことも、起業の精神に合致するのです。

## ▶ 起業のタネはすぐそばに

　この本に登場する人に共通するのは「世の中になかったらつくればいい」という考え方です。食用バラの6次産業化経営者の場合は「食べられるバラを自分の手で育てて、バラの魅力を広く知らしめたい」という気持ちが、起業する原動力になりました。またソーシャルビジネスの経営者は、住所をもてない人に対して「一度社会のレールを外れた人

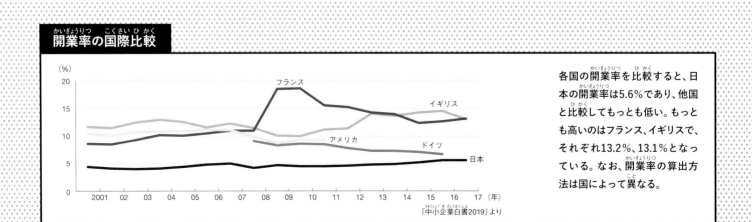

### 開業率の国際比較

(%)

フランス　イギリス　アメリカ　ドイツ　日本

2001 02 03 04 05 06 07 08 09 10 11 12 13 14 15 16 17 (年)

『中小企業白書2019』より

各国の開業率を比較すると、日本の開業率は5.6％であり、他国と比較してもっとも低い。もっとも高いのはフランス、イギリスで、それぞれ13.2％、13.1％となっている。なお、開業率の算出方法は国によって異なる。

「ちばアントレプレナーシップ教育コンソーシアム Seedlings of Chiba」が2022年に開催した「西千葉子ども起業塾」のようす。小学4年生から中学3年生がJFEスチールのビジュアルアイデンティティ（キャラクター、シンボルマーク、キャッチコピーなど）を企画・提案する試みが行われた。完成したビジュアルアイデンティティは、JFEスチール東日本製鉄所（千葉地区）で実際に使用されている。

写真提供：ちばアントレプレナーシップ教育コンソーシアム Seedlings of Chiba

でも、仕組みさえあれば必要な場所につなげられる」という思いで事業に取り組んでいます。どちらも、毎日の生活のなかで自分が感じた信念や疑問をもとに、新たな仕事を生み出したわけです。

　会社をつくるのは大変なことのように思えますが、例えば「給食の食べ残しを減らすためにどうすればいいか」「食品ロスの注意喚起のために、より人目を引くポスターをつくりたい」といった身近なアイデアも、立派なビジネスになる可能性があります。食品ロスの削減はSDGs（Sustainable Development Goals：持続可能な開発目標）の達成にも関連するため、ただお金を稼ぐだけではなく、社会貢献にもつながるというわけです。

## ▶ デジタル技術を味方につける

　これから起業を考える人がぜひ覚えておきたいのが、人口減少が進む日本では、経済規模がどんどん縮小していく

ということです。そのため、国内のお客さんだけを対象とするのではなく、デジタル技術を使って全世界に目を向けることも必要になるでしょう。

　国は、従来の「情報モラル教育」から「デジタルシチズンシップ教育」へと舵を切り始めています。これは、デジタルのマイナス面ばかりを教えるのではなく、スマートフォンやタブレット、パソコンの自律的な利用を通じて、デジタル社会に参画する能力を身につけることを目的とした教育です。これからの日本が生産性や効率性を上げるためには、デジタル技術を駆使した、よりクリエイティブな仕組みや考え方が不可欠になることはまちがいないのです。

　起業を目指す人も会社づとめを希望する人も、おそらくは甘くない競争が待っていると思います。そのとき求められるのは、個人の能力を最大限活かし、自ら技術革新を起こす主体となる能力や姿勢です。高い志と意欲、自立心をもって新しい価値を創造する「起業家精神」は、これからの時代を生きるすべての人に必要な力となるはずです。

PROFILE

玉置 崇 （たまおき たかし）

岐阜聖徳学園大学教育学部教授。
愛知県小牧市の小学校を皮切りに、愛知教育大学附属名古屋中学校や小牧市立小牧中学校管理職、愛知県教育委員会海部教育事務所所長、小牧中学校校長などを経て、2015年4月から現職。数学の授業名人として知られる一方、ICT活用の分野でも手腕を発揮し、小牧市の情報環境を整備するとともに、教育システムの開発にも関わる。
文部科学省「校務におけるICT活用促進事業」事業検討委員会座長をつとめる。

# さ く い ん

【取材協力】

ROSE LABO 株式会社　https://www.roselabo.com/
株式会社 any style　https://anystyle.jp/
Relight 株式会社　https://www.borderless-japan.com/social-business/relight/
株式会社 Ay　https://www.ay.style/
特定非営利活動法人企業教育研究会　https://ace-npo.org/

【写真協力】

ROSE LABO 株式会社　p5、p6、p7
Relight 株式会社　p21
株式会社 Ay　p29、p31
特定非営利活動法人企業教育研究会　p37、p41
千葉大学、千葉市　p47

【解説】

玉置 崇（岐阜聖徳学園大学教育学部教授）　p46-47

【装丁・本文デザイン】

アートディレクション／尾原史和（BOOTLEG）
デザイン／藤巻 妃・角田晴彦・加藤 玲・石井恵里菜（BOOTLEG）

【撮影】

平井伸造

【執筆】

安部優薫　p4-11
酒井理恵　p12-19、p36-47
山本美佳　p20-27
鬼塚夏海　p28-35

【イラスト】

フジサワミカ

【企画・編集】

佐藤美由紀・渡部のり子（小峰書店）
常松心平・鬼塚夏海（303BOOKS）

キャリア教育に活きる！
# 仕事ファイル42
## 起業家の仕事

2023年4月6日　第1刷発行

編　著　小峰書店編集部
発行者　小峰広一郎
発行所　株式会社小峰書店
　　　　〒162-0066東京都新宿区市谷台町4-15
　　　　TEL 03-3357-3521　FAX 03-3357-1027
　　　　https://www.komineshoten.co.jp/
印　刷　株式会社精興社
製　本　株式会社松岳社

©Komineshoten
2023  Printed in Japan
NDC 366  48p  29×23cm
ISBN978-4-338-35905-4

乱丁・落丁本はお取り替えいたします。
本書の無断での複写（コピー）、上演、放送等の二次利用、翻案等は、著作権法上の例外を除き禁じられています。本書の電子データ化などの無断複製は著作権法上の例外を除き禁じられています。代行業者等の第三者による本書の電子的複製も認められておりません。

キャリア教育に活きる！

# 仕事ファイル

センパイに聞く